Le programme de formation de Muscles en 30 Jours: la solution pour augmenter la masse musculaire pour les bodybuilders, les athlètes et les gens qui veulent juste avoir un meilleur corps

Par
Joseph Correa
Athlète Professionnel et Entraîneur

DROITS D'AUTEUR

© 2016 Correa Media Group

Tous droits réservés

La reproduction ou la traduction de toute partie de ce travail au-delà de ce qui est permis par l'article 107 ou 108 de la Loi sur les droits d'auteur aux États-Unis de l'an 1976, sans l'autorisation du propriétaire des droits d'auteur, est illégale.

Cette publication est conçue pour fournir des informations exactes et faisant autorité en ce qui concerne le sujet traité. Elle est vendue avec la compréhension que ni l'auteur ni l'éditeur ne sont engagés dans l'apport de conseils médicaux. Si des conseils ou une assistance médicale sont nécessaires, consulter un médecin. Ce livre est considéré comme un guide et ne doit être utilisé en aucune façon pour nuire à votre santé. Consultez un médecin avant de commencer et assurez-vous qu'il est adapté à votre cas.

REMERCIEMENTS

A toutes les personnes qui m'ont supporté et aidé à rendre possible la publication de ce livre.

Le programme de formation de Muscles en 30 Jours: la solution pour augmenter la masse musculaire pour les bodybuilders, les athlètes et les gens qui veulent juste avoir un meilleur corps

Par
Joseph Correa
Athlète Professionnel et Entraîneur

INTRODUCTION

Le programme de formation de Muscles en 30 Jours: la solution pour augmenter la masse musculaire pour les bodybuilders, les athlètes et les gens qui veulent juste avoir un meilleur corps

Ce programme d'entraînement changera votre façon de vous voir et de vous sentir. Si vous suivez le programme vous devriez voir de grands résultats au bout des 30 jours mais vous ne devez pas vous arrêter là.

Tant une version NORMALE qu'une version INTENSIVE de ce programme de formation sont inclus pour s'assurer que vous êtes assez motivés pour provoquer un changement significatif sur votre corps.

Les recettes incluses sont spécifiques à chaque moment de la journée mais vous pouvez, et vous devez, ajouter un repas ici et là selon les besoins de votre corps.

Dans ce programme d'entraînement vous trouverez une session importante et une routine d'exercice, assurez-vous de ne pas rater la première pour rester exempt de blessures afin de pouvoir terminer le programme.

De plus, ce programme de formation résout le dilemme alimentaire en donnant beaucoup d'options en termes de nutrition. Il inclut un petit-déjeuner délicieux, un déjeuner, un dîner et des recettes de dessert, donc vous pouvez satisfaire votre faim et toujours manger sainement. Un chapitre entier dans ce livre est consacré aux recettes de shakes pour les muscles pour vous aider à absorber entièrement autant de protéines que possible d'une façon saine, mais assurez-vous de boire beaucoup d'eau pour aider votre corps à digérer toutes ces protéines en proportions adéquates.

N'importe qui peut parvenir à être en meilleure forme, devenir plus mince et plus fort, cela ne nécessite que de la discipline et un bon programme d'entraînement pour vous exercer et bien vous nourrir.

Les personnes qui commenceront ce plan d'entraînement, verront s'accomplir les choses suivantes :

- Une augmentation de la masse musculaire
- Une amélioration de la force, de la mobilité et de la réaction des muscles
- Une meilleure possibilité de s'entraîner pour de longues périodes de temps
- Une croissance plus rapide des muscles minces
- Moins de fatigue musculaire
- Une récupération plus rapide après une compétition ou un entraînement
- Plus d'énergie tout au long de la journée
- Plus de confiance en soi-même
- Une meilleure attitude envers les exercices et la nutrition

SOMMAIRE

DROITS D'AUTEUR

REMERCIEMENTS

INTRODUCTION

CHAPITRE 1: LES CALENDRIERS DU PROGRAMME D'ENTRAÎNEMENT DE CROISSANCE MUSCULAIRE EN 30 JOURS

CALENDRIER NORMAL

CALENDRIER INTENSIF

CHAPITRE 2: LES EXERCICES DU PROGRAMME DE CROISSANCE MUSCULAIRE EN 30 JOURS

EXERCICES D'ÉCHAUFFEMENT DYNAMIQUES

EXERCICES D'ENTRAÎNEMENT DE HAUTE PERFORMANCE

CHAPITRE 3: RECETTES DE PETITS DÉJEUNERS RICHES EN PROTÉINES POUR LA CROISSANCE MUSCULAIRE

CHAPITRE 4: RECETTES DE DÉJEUNERS RICHES EN PROTÉINES POUR LA CROISSANCE MUSCULAIRE

CHAPITRE 5: RECETTES DE DÎNERS RICHES EN PROTÉINES POUR LA CROISSANCE MUSCULAIRE

CHAPITRE 6: RECETTES DE DESSERTS RICHES EN PROTÉINES POUR LA CROISSANCE MUSCULAIRE

CHAPITRE 7: RECETTES DE SHAKES RICHES EN PROTÉINES POUR UN DÉVELOPPEMENT RAPIDE DES MUSCLES

AUTRES GRANDS TITRES DE CET AUTEUR

CHAPITRE 1: LES CALENDRIERS DU PROGRAMME D'ENTRAÎNEMENT DE CROISSANCE MUSCULAIRE EN 30 JOURS

CALENDRIER "NORMAL"

Lundi	Mardi	Mercredi	Jeudi	Vendredi	Samedi	Dimanche
			1	2	3	4
5	6	7	8	9	10	11
Poitrine & Triceps	Abdos	Quadriceps & Jambes	Récupération Active	Dos & Biceps	Deltoïdes	Récupération Active
12	13	14	15	16	17	18
Poitrine & Triceps	Abdos	Quadriceps & Jambes	Récupération Active	Dos & Biceps	Deltoïdes	Récupération Active
19	20	21	22	23	24	25
Poitrine & Triceps	Abdos	Quadriceps & Jambes	Récupération Active	Dos & Biceps	Deltoïdes	Récupération Active
26	27	28	29	30	31	
Poitrine & Triceps	Abdos	Quadriceps & Jambes	Récupération Active	Dos & Biceps	Deltoïdes	Récupération Active

Le programme de formation de Muscles en 30 Jours

CALENDRIER "INTENSIF"

Lundi	Mardi	Mercredi	Jeudi	Vendredi	Samedi	Dimanche
			1	2	3	4
5 Poitrine & Triceps	6 Abdos	7 Quadriceps & Jambes	8 Récupération Active	9 Dos & Biceps	10 Deltoïdes	11 Récupération Active
12 Poitrine & Triceps	13 Abdos	14 Quadriceps & Jambes	15 Récupération Active	16 Dos & Biceps	17 Deltoïdes	18 Récupération Active
19 Poitrine & Triceps	20 Abdos	21 Quadriceps & Jambes	22 Récupération Active	23 Dos & Biceps	24 Deltoïdes	25 Récupération Active
26 **Poitrine & Triceps**	27 **Abdos**	28 **Quadriceps & Jambes**	29 **Récupération Active**	30 **Dos & Biceps**	31 **Deltoïdes**	**Récupération Active**

CHAPITRE 2: LES EXERCICES DU PROGRAMME DE CROISSANCE MUSCULAIRE EN 30 JOURS

PROGRAMME D'ENTRAÎNEMENT
Il vous faudra compléter cinq séances d'entraînement par semaine pendant les quatre semaines suivantes. Ces séances d'entraînement ont été conçues non seulement pour une croissance maximale des muscles, mais aussi pour s'assurer que chaque groupe de muscles est également sollicité.

NE LÉSINEZ PAS SUR LA RÉCUPÉRATION
Pour les journées où les séances d'entraînement n'ont pas été prescrites, vous devrez effectuer une session de récupération active en plus d'une routine d'étirement. C'est pour nous assurer que nos muscles maintiendront une mobilité optimale pendant que nous augmentons leur masse.

QUE POURRAI-JE ACCOMPLIR APRÈS CE PROGRAMME ?
L'objectif de ce programme est de travailler en synergie avec le régime prescrit dans le livre dans le but de produire une croissance maximale. Vous pouvez vous attendre à devenir plus grand, plus fort et plus mince.

FORMAT DES SÉANCES
Chaque semaine sera divisée en 5 séances, mentionnées comme 'splits' dans le livre, qui solliciteront des groupes de muscles spécifiques.

Ces 'splits' seront organisés ainsi : poitrine & triceps, dos & biceps, quadriceps & muscles ischio-jambiers, muscles trapézoïdes & deltoïdes (épaules) et abdominaux (centre). En plus, on s'attendra à ce que vous pratiquiez 2 sessions de récupérations actives & d'étirements durant vos journées de repos. Ceci couvrira tout votre corps, quel que soit le groupe de muscles que vous venez de faire travailler.

- ✓ **Pour les exercices complets des semaines 1 et 3:** 1,2,7,8 pour chaque split à l'exception des épaules pour lesquelles vous ferez toujours 1,2,3,4

- ✓ **Pour les exercices complets des semaines 2 et 4:** 3,4,5,6 pour chaque split à l'exception des épaules pour lesquelles vous ferez toujours 1,2,3,4

ROUTINE INTENSIVE

Nous avons aussi pris la liberté de créer un calendrier intensif. Les splits demeurent les mêmes, à l'exception que les séries d'exercices seront doublées. Vous ne devriez pas changer les efforts ou les repos. Vous pourriez prendre des arrêts supplémentaires entre les séries d'exercices.

ROUTINE D'ÉTIREMENT

Voici la série de 7 étirements que l'athlète devra faire durant les jours marqués 'Récupération Active'.

1. **Étirement complet des épaules et de la poitrine :** Accrochez-vous à un support mural ou autre objet avec votre bras entièrement étendu. Faites tourner votre corps sans déplacer votre bras jusqu'à ce que vous sentiez un étirement dans votre poitrine et vos épaules. Tenez cette position pendant 90 secondes. Recommencez avec l'autre bras.

2. **Étirement suspendu :** Agrippez-vous à une barre de traction vers le haut avec vos paumes faisant face vers l'extérieur. Restez suspendu ainsi 90 secondes.

3. **Étirement des Triceps:** Étendez vos bras au-dessus de votre tête. Avec un bras attrapez l'arrière de votre cou. Avec l'autre main, attrapez le coude du bras courbé et tirez-le vers votre cou. Tenez cette position pendant 90 secondes. Recommencez avec l'autre bras.

4. **Étirement des quadriceps :** Mettez-vous face à un mur. Posez une main sur le mur et penchez-vous dessus. Poussez la jambe opposée vers l'arrière avec votre main libre de telle manière que votre pied touche votre fesse. Tenez cette position pendant 90 secondes. Recommencez avec l'autre jambe.

5. **Étirement des mollets:** Placez-vous à un mètre du mur et laissez-vous tomber dessus, en vous retenant avec vos deux mains. Vous devriez former un angle avec le mur. Tenez cette position pendant 90 secondes.

6. **Étirement des muscles ischio-jambiers :** Asseyez-vous sur le sol et dépliez une jambe en face de vous. Pliez le genou opposé en plaçant le pied contre la cuisse de la jambe étendue. Attrapez la jambe étendue avec la main du même côté. Tenez cette position pendant 90 secondes. Recommencez avec l'autre jambe.

7. **Étirement abdominal :** Allongez-vous sur votre estomac avec vos mains soulevant votre torse vers le haut (les jambes doivent être plates, le torse doit se courber vers le haut). Tenez cette position pendant 90 secondes.

SESSION DE RÉCUPÉRATION ACTIVE

Voici une série de 6 exercices que l'athlète doit faire avant chaque séance d'entraînement (mentionnés comme 'split' dans ce livre) en combinaison avec 30 minutes de cardio d'intensité modérée.
De plus, il doit aussi faire ces exercices durant les 3 journées par semaine marquées comme 'Récupération Active' avant les étirements.

1. **Rouleaux et s'asseoir en V:** Commencez par vous asseoir sur le sol. Ensuite propulsez-vous vers l'arrière en roulant vos genoux vers l'intérieur afin qu'ils touchent votre poitrine (votre poids devrait être mis sur le dos maintenant) avec vos bras étendus sur le sol. Enfin, déroulez-vous à la position en avant et étendez vos jambes afin qu'elles forment un V. Effectuez cet exercice 15 fois.

2. **Bouches d'incendie:** Commencez par descendre sur vos genoux, les paumes à plat sur le sol (de la largeur des épaules). Assurez-vous que votre dos est droit. Sans bouger votre dos, dessinez un cercle avec votre genou afin qu'il se déplace vers l'extérieur, vers l'avant et à l'arrière. Répétez l'opération 15 fois pour chaque jambe.

3. **Rouleau de Mousse pour les hanches :** Commencer à rouler avec un rouleau de mousse sous vos hanches jusqu'à vos cuisses. Se concentrer

spécialement sur les zones serrées. Effectuer 10 à 15 rouleaux.

4. **Rouleau de Mousse pour les muscles abducteurs :** Commencer à rouler avec un rouleau de mousse sous le pli de vos hanches et roulez vers le haut. Se concentrer spécialement sur les zones serrées. Effectuer 10-15 rouleaux.

5. **Smash de Balle de tennis:** Placer une balle de Tennis sous une fesse. Croiser la jambe opposée et faire rouler jusqu'à trouver le point douloureux. Se concentrer à faire rouler sur cette zone pendant 60 secondes. Répétez pour l'autre côté.

6. **Sauteurs (Groaners):** Commencer en une position de pompes. Avec les deux jambes sauter vers l'avant sans bouger vos mains, puis charger en touchant vos pieds avec vos mains. Sauter de nouveau en arrière pour revenir à la position de pompes. Répéter 20 fois.

EXERCICES PECTORAUX & TRICEPS

Voici les exercices qui conditionneront votre poitrine et vos triceps.

1. Dips pondérés (triceps)

Comment :
a. Utiliser une ceinture lourde pour mettre un poids adéquat autour de votre torse. Alternativement, prenez un haltère entre vos jambes.
b. Positionnez vos mains de chaque côté de la barre de telle manière que vos bras sont entièrement déployés et vous supportent
c. Abaissez votre corps en vous penchant tout en vous assurant que le mouvement est contrôlé
d. Reprenez votre position de départ

Régime de répétition :

***3 sets de 10 à 12 répétitions. Chaque set devrait être difficile mais vous ne devriez pas atteindre un échec total. Vous devriez être capable de faire 2 à 3 répétitions après la 10ème. Ajustez le nombre de répétitions jusqu'à ce que vos critères soient atteints mais ne changez pas le nombre de sets.
Si l'exercice est trop difficile, effectuez les dips sans le poids. Si c'est toujours trop difficile, effectuez l'exercice sur une machine de dips.

Bénéfices pour la santé :

+++Croissance, ++Force, ++Endurance

2. Push-ups diamant pondérés (triceps)

Comment:
a. Allongez-vous sur le sol, face vers le sol, les mains placées plus étroitement que la largeur des épaules écartées
b. Demandez à quelqu'un de placer un poids adéquat sur votre dos
c. Abaissez-vous doucement, jusqu'à ce que votre poitrine soit à un poing de distance du sol
d. Remontez vers le haut

Régime de répétition :

***3 sets de 10 à 12 répétitions. Chaque set devrait être difficile mais vous ne devriez pas atteindre un échec total. Vous devriez être capable de faire 2 à 3 répétitions après la 10ème. Ajustez le nombre de répétitions jusqu'à ce que vos critères soient atteints mais ne changez pas le nombre de sets.

Bénéfices pour la santé :

+++Croissance, ++Force, ++Endurance

3. Écraseurs de Crâne (triceps)

Comment :
a. Prenez la barre fermement et tenez-la avec les coudes rentrés
b. Allongez-vous sur le banc en vous assurant que vos bras forment un angle de 90 degrés
c. Sans bouger vos bras, abaissez la barre
d. Relevez la barre dans sa position initiale

Régime de répétition :

***3 sets de 10 à 12 répétitions. Chaque set devrait être difficile mais vous ne devriez pas atteindre un échec total. Vous devriez être capable de faire 2 à 3 répétitions après la 10ème. Ajustez le poids jusqu'à ce que vos critères soient atteints mais ne changez pas le nombre de sets.

Bénéfices pour la santé :

+++Croissance, ++Force, ++Endurance

4. Extension des triceps (triceps)

Comment :
a. Asseyez-vous à une machine d'extension des triceps
b. Placez vos bras contre les plaques et attrapez les poignées
c. Rabaissez vos bras en étendant vos coudes
d. Revenez à la position initiale

Régime de répétition :

***3 sets de 10 à 12 répétitions. Chaque set devrait être difficile mais vous ne devriez pas atteindre un échec total. Vous devriez être capable de faire 2 à 3 répétitions après la 10$^{ème.}$ Ajustez le poids jusqu'à ce que vos critères soient atteints mais ne changez pas le nombre de sets ou de répétitions.

Bénéfices pour la santé :

+++Croissance, ++Force, +Endurance

5. Exercices sur un Banc (poitrine)

Comment :
a. Allongez-vous sur le banc avec vos pieds à plat sur le sol
b. Saisissez la barre avec une poignée légèrement plus large que la largeur des épaules
c. Soulevez la barre de telle manière qu'elle soit au centre de votre poitrine
d. Rabaissez la barre jusqu'à ce qu'elle touche votre poitrine ou en soit le plus près possible
e. Repoussez la barre jusqu'à l'extension complète de vos bras
f. Répétez les points d. et e.

Régime de répétition :

***3 sets de 10 à 12 répétitions. Chaque set devrait être difficile mais vous ne devriez pas atteindre un échec total. Vous devriez être capable de faire 2 à 3 répétitions après la 10ème. Ajustez le poids jusqu'à ce que vos critères soient atteints mais ne changez pas le nombre de sets ou de répétitions.

Bénéfices pour la santé :

+++Croissance, ++Force, +Endurance

6. Exercices sur un Banc incliné (poitrine)

Comment:
a. Allongez-vous sur un banc d'exercice incliné avec vos pieds à plat sur le sol
b. Saisissez la barre avec une poignée légèrement plus large que la largeur des épaules
c. Soulevez la barre de telle manière qu'elle soit au centre de votre poitrine
d. Rabaissez la barre jusqu'à ce qu'elle touche la partie supérieure de votre poitrine ou en soit le plus près possible
e. Repoussez la barre jusqu'à l'extension complète de vos bras
f. Répétez les points d. et e.

Régime de répétition :

***3 sets de 10 à 12 répétitions. Chaque set devrait être difficile mais vous ne devriez pas atteindre un échec total. Vous devriez être capable de faire 2 à 3 répétitions après la 10ème. Ajustez le poids jusqu'à ce que vos critères soient atteints mais ne changez pas le nombre de sets ou de répétitions.

Bénéfices pour la santé :

+++Croissance, ++Force, +Endurance

7. Haltère presse (poitrine)

Comment :
a. Asseyez-vous bien droit sur le banc avec vos pieds à plat sur le sol
b. Saisissez les haltères et posez-les sur vos cuisses
c. Allongez-vous, tout en donnant une secousse aux haltères, de manière à ce que vos bras soient entièrement étendus en portant les haltères
d. Rabaissez les haltères jusqu'à ce qu'ils touchent votre poitrine ou aussi près que possible
e. Repoussez les haltères vers le haut jusqu'à l'extension complète de vos bras
f. Répétez les points d. et e.

Régime de répétition :

***3 sets de 10 à 12 répétitions. Chaque set devrait être difficile mais vous ne devriez pas atteindre un échec total. Vous devriez être capable de faire 2 à 3 répétitions après la 10ème. Ajustez le poids jusqu'à ce que vos critères soient atteints mais ne changez pas le nombre de sets ou de répétitions.

Bénéfices pour la santé :

+++Croissance, ++Force, +Endurance

8. Haltère volant (poitrine)

Comment :
a. Asseyez-vous bien droit sur un banc plat, tenant un haltère dans chaque main
b. Posez les haltères sur vos cuisses
c. Allongez-vous sur le banc tout en utilisant vos cuisses pour remonter les haltères en position dégagée
d. Alors que vos bras sont entièrement étendus, abaissez vos bras de chaque côté
e. Remettez vos bras dans leurs positions initiales en pressant votre poitrine

Régime de répétition :

***3 sets de 10 à 12 répétitions. Chaque set devrait être difficile mais vous ne devriez pas atteindre un échec total. Vous devriez être capable de faire 2 à 3 répétitions après la 10ème. Ajustez le poids jusqu'à ce que vos critères soient atteints mais ne changez pas le nombre de sets ou de répétitions.

Bénéfices pour la santé :

+++Croissance, ++Force, +Endurance

EXERCICES DES DELTOÏDES & DES TRAPEZOÏDES

Voici les exercices qui vont conditionner vos épaules.

1. **Barre d'Haltère Presse-Epaules Surélevé (Deltoïdes)**

Comment :
a. Placez-vous devant la barre, épaules écartées
b. Assurez-vous que la barre est à la hauteur de vos épaules
c. Saisissez la barre plus étroitement que la largeur de vos épaules avec les deux mains faisant face vers l'extérieur
d. Poussez la barre vers le haut en une ligne verticale en déplaçant légèrement votre menton en arrière
e. Rabaissez la barre à sa position initiale

Régime de répétition :

***3 sets de 10 répétitions. Chaque set devrait être plutôt lourd. Vous devriez pouvoir faire 1 à 2 répétitions après la 10ème répétition. Ajustez le poids jusqu'à ce que vos critères soient atteints mais ne changez pas le nombre de sets ou de répétitions.

Bénéfices pour la santé :

+++Force, +++Puissance

2. Haltère Presse Epaules Position Assise (deltoïdes)

Comment :
a. Asseyez-vous avec les haltères placés sur le dessus de vos cuisses
b. Donnez une secousse aux haltères en soulevant vos genoux
c. Vous devez être en position de pression
d. Poussez les haltères vers le haut en une ligne verticale
e. Rabaissez les haltères à leurs positions initiales

Régime de répétition :

***3 sets de 10 à 12 répétitions. Chaque set devrait être difficile mais vous ne devriez pas atteindre un échec total. Vous devriez être capable de faire 2 à 3 répétitions après la 10ème. Ajustez le poids jusqu'à ce que vos critères soient atteints mais ne changez pas le nombre de sets ou de répétitions.

Bénéfices pour la santé :

+++Croissance, ++Force, +Endurance

3. Haltère Soulèvement latéral (deltoïdes)

Comment :
a. Tenez-vous debout, épaules écartées, avec un haltère dans chaque main
b. Soulevez l'haltère de chaque côté avec les paumes vers le bas jusqu'à ce que les bras soient perpendiculaires au torse
c. Rabaissez les haltères à leurs positions initiales

Régime de répétition :

***3 sets de 10 à 12 répétitions. Chaque set devrait être difficile mais vous ne devriez pas atteindre un échec total. Vous devriez être capable de faire 2 à 3 répétitions après la 10ème. Ajustez le poids jusqu'à ce que vos critères soient atteints mais ne changez pas le nombre de sets ou de répétitions.

Bénéfices pour la santé :

+++Croissance, ++Force, +Endurance

4. Ligne droite (deltoïdes)

Comment:
a. Tenez-vous debout épaules écartées avec l'haltère dans vos mains
b. Soulevez l'haltère verticalement avec les paumes vers l'intérieur
c. Rabaissez l'haltère à sa position initiale

Régime de répétition :

***3 sets de 10 à 12 répétitions. Chaque set devrait être difficile mais vous ne devriez pas atteindre un échec total. Vous devriez être capable de faire 2 à 3 répétitions après la 10ème. Ajustez le poids jusqu'à ce que vos critères soient atteints mais ne changez pas le nombre de sets ou de répétitions.

Bénéfices pour la santé :

+++Croissance, ++Force, +Endurance

EXERCICES DU DOS & DES BICEPS

Voici les exercices qui conditionneront votre dos et vos biceps.

1. Soulèvement (dos)

Comment :
a. Saisissez la barre, épaules écartées, avec les paumes vers l'avant
b. Tout en vous accrochant, ramenez légèrement votre torse pour former un petit penchant
c. Tirez votre torse vers le haut, jusqu'à ce que la barre touche ou est près de toucher la partie haute de votre poitrine
d. Rabaissez-vous et recommencez

Régime de répétition :

***3 sets de 10 à 12 répétitions. Chaque set devrait être difficile mais vous ne devriez pas atteindre un échec total. Vous devriez être capable de faire 2 à 3 répétitions après la 10ème. Ajustez le poids jusqu'à ce que vos critères soient atteints mais ne changez pas le nombre de sets ou de répétitions.

Bénéfices pour la santé :

+++Croissance, ++Force, +Endurance

2. Haltère soulevé en se pliant (dos)

Comment :
a. Saisissez l'haltère avec les paumes vers l'intérieur
b. Laissez l'haltère pendre légèrement sous votre taille ou jusqu'à l'extension complète de vos bras
c. Pliez légèrement vos genoux et pliez votre torse vers l'avant tout en faisant attention qu'il ne soit pas rond
d. Votre tête devrait regarder devant vous et vos jambes et votre torse devraient faire une forme de L alors que l'haltère pend toujours
e. Tout en gardant votre torse immobile, soulevez l'haltère vers le milieu de votre estomac
f. Rabaissez l'haltère à sa position initiale

Régime de répétition :

***3 sets de 10 à 12 répétitions. Chaque set devrait être difficile mais vous ne devriez pas atteindre un échec total. Vous devriez être capable de faire 2 à 3 répétitions après la 10ème. Ajustez le poids jusqu'à ce que vos critères soient atteints mais ne changez pas le nombre de sets ou de répétitions.

Bénéfices pour la santé :

+++Croissance, ++Force, +Endurance

3. La ligne Rénégade (dos)

Comment:
a. Placez deux kettlebells sur le sol, épaules bien écartées
b. Positionnez-vous comme si vous alliez faire des pompes, avec un kettlebell dans chaque main
c. Effectuez une pompe
d. Au moment du mouvement haut, tirez sur un kettlebell comme vous le feriez pour un haltère
e. Répétez pour l'autre main

Régime de répétition :

***3 sets de 10 à 12 répétitions. Chaque set devrait être difficile mais vous ne devriez pas atteindre un échec total. Vous devriez être capable de faire 2 à 3 répétitions après la 10ème. Ajustez le poids jusqu'à ce que vos critères soient atteints mais ne changez pas le nombre de sets ou de répétitions.

Bénéfices pour la santé :

+++Croissance, ++Force, +Endurance

4. Rame longue avec une barre (dos)

Comment:
a. Mettez le poids sur un seul côté de l'haltère
b. penchez-vous en une position de rame
c. Saisissez la barre avec les deux mains du côté du poids
d. Ramenez la barre vers le creux de votre estomac
e. Rabaissez la barre dans sa position initiale

Régime de répétition :

***3 sets de 10 à 12 répétitions. Chaque set devrait être difficile mais vous ne devriez pas atteindre un échec total. Vous devriez être capable de faire 2 à 3 répétitions après la 10$^{ème.}$ Ajustez le poids jusqu'à ce que vos critères soient atteints mais ne changez pas le nombre de sets ou de répétitions.

Bénéfices pour la santé :

+++Croissance, ++Force, +Endurance

5. Boucles de marteau (biceps)

Comment:
a. Tenez-vous épaules écartées avec un petit haltère dans chaque main
b. Faites des boucles avec les haltères tout en vous assurant de garder vos paumes face à vos cuisses
c. Tenez-bon une seconde au sommet de l'effort
d. Rabaissez les haltères dans leurs positions initiales

Régime de répétition:

***3 sets de 10 à 12 répétitions. Chaque set devrait être difficile mais vous ne devriez pas atteindre un échec total. Vous devriez être capable de faire 2 à 3 répétitions après la 10$^{ème.}$ Ajustez le poids jusqu'à ce que vos critères soient atteints mais ne changez pas le nombre de sets ou de répétitions.

Bénéfices pour la santé:

+++Croissance, ++Force, +Endurance

Boucles de petits haltères (biceps)

Comment:
How to:
a. Tenez-vous épaules écartées avec un petit haltère dans chaque main
b. Faites des boucles avec les haltères tout en vous assurant que vous gardez vos paumes face à vous
c. Tenez-bon pendant une seconde au sommet de l'effort
d. Rabaissez les haltères dans leurs positions initiales

Régime de répétition:

***3 sets de 10 à 12 répétitions. Chaque set devrait être difficile mais vous ne devriez pas atteindre un échec total. Vous devriez être capable de faire 2 à 3 répétitions après la 10ème. Ajustez le poids jusqu'à ce que vos critères soient atteints mais ne changez pas le nombre de sets ou de répétitions.

Bénéfices pour la santé:

+++Croissance, ++Force, +Endurance

6. Boucles de grand haltère (biceps)

Comment:
a. Tenez-vous épaules écartées en tenant un grand haltère à barre avec vos paumes vers l'extérieur
b. Vos mains devraient être tenues légèrement plus étroitement que votre largeur d'épaules
c. Faites une boucle vers le haut avec l'haltère en tenant-bon pendant une seconde au sommet
d. Rabaissez l'haltère dans sa position initiale

Régime de répétition:

***3 sets de 10 à 12 répétitions. Chaque set devrait être difficile mais vous ne devriez pas atteindre un échec total. Vous devriez être capable de faire 2 à 3 répétitions après la 10ème. Ajustez le poids jusqu'à ce que vos critères soient atteints mais ne changez pas le nombre de sets ou de répétitions.

Bénéfices pour la santé:

+++Croissance, ++Force, +Endurance

7. Boucles de câble de marteau (biceps)

Comment:
a. Attachez une corde à une poulie et positionnez-la à sa hauteur la plus basse
b. Tenez-vous à deux pieds (2 feet) de la poulie
c. Tirez la corde et enroulez le poids tout en vous assurant que vos coudes sont vers l'intérieur
d. Rabaissez le poids à sa position initiale

Régime de répétition:

***3 sets de 10 à 12 répétitions. Chaque set devrait être difficile mais vous ne devriez pas atteindre un échec total. Vous devriez être capable de faire 2 à 3 répétitions après la 10ème. Ajustez le poids jusqu'à ce que vos critères soient atteints mais ne changez pas le nombre de sets ou de répétitions.

Bénéfices pour la santé:

+++Croissance, ++Force, +Endurance

EXERCICES POUR LES QUADRICEPS, LES MUSCLES ISCHIO-JAMBIERS ET LES MOLLETS

Voici les exercices qui vont conditionner la partie basse de votre corps.

1. Boucles de jambes en position assise (quads)

Comment:
a. Asseyez-vous sur la machine
b. Positionnez le bas de la jambe sur la plaque de soulèvement
c. Soulevez vos jambes jusqu'à ce qu'elles soient entièrement étendues et tenez-bon pendant 1 seconde
d. Rabaissez le poids dans sa position initiale

Régime de répétition:

***3 sets de 10 à 12 répétitions. Chaque set devrait être difficile mais vous ne devriez pas atteindre un échec total. Vous devriez être capable de faire 2 à 3 répétitions après la 10ème. Ajustez le poids jusqu'à ce que vos critères soient atteints mais ne changez pas le nombre de sets ou de répétitions.

Bénéfices pour la santé:

+++Croissance, ++Force, +Endurance

2. Étirements pondérés (quads)

Comment:
a. Tenez-vous épaules écartées
b. Avancez la jambe droite aussi loin que possible sans exagération
c. Pliez la jambe gauche jusqu'à ce que le genou gauche touche presque le sol
d. Remontez en position debout
e. Répétez avec la jambe gauche (en pliant la jambe droite)

Régime de répétition:

***3 sets de 10 à 12 répétitions. Chaque set devrait être difficile mais vous ne devriez pas atteindre un échec total. Vous devriez être capable de faire 2 à 3 répétitions après la 10ème. Ajustez le poids jusqu'à ce que vos critères soient atteints mais ne changez pas le nombre de sets ou de répétitions.

Bénéfices pour la santé:

+++Croissance, ++Force, +Endurance

3. Accroupissement Haute-Barre (quads)

Comment:
a. Tenez-vous debout, vos pieds à la largeur de vos épaules écartées
b. Attrapez la barre en utilisant les deux bras de chaque côté de la barre, les épaules bien écartées (la barre devrait se trouver à la hauteur de vos épaules)
c. En tenant la barre, positionnez-vous sous la barre, de sorte qu'elle repose sur vos trapézoïdes
d. Mettez-vous debout de telle manière que tout le poids de la barre repose sur vos trapézoïdes
e. Reculez et commencez à vous baisser en fléchissant les genoux
f. Remontez brusquement en arrière jusqu'à l'extension complète des jambes

Régime de répétition:

***3 sets de 10 à 12 répétitions. Chaque set devrait être difficile mais vous ne devriez pas atteindre un échec total. Vous devriez être capable de faire 2 à 3 répétitions après la 10$^{ème.}$ Ajustez le poids jusqu'à ce que vos critères soient atteints mais ne changez pas le nombre de sets ou de répétitions.

Bénéfices pour la santé:

+++Croissance, ++Force, +Endurance

4. Position-Fermée en accroupissement (quads)

Comment:
a. Tenez-vous debout avec vos pieds aussi près que possible l'un de l'autre sans se toucher
b. Asseyez-vous en déplaçant vos hanches vers l'arrière avec vos bras étendus devant vous
c. Assurez-vous de regarder vers le haut et devant vous en effectuant l'accroupissement et que votre dos est bien droit
d. Remettez-vous debout avec vos jambes entièrement étendues

Régime de répétition:

***3 sets de 10 à 12 répétitions. Chaque set devrait être difficile mais vous ne devriez pas atteindre un échec total. Vous devriez être capable de faire 2 à 3 répétitions après la 10ème. Ajustez le poids jusqu'à ce que vos critères soient atteints mais ne changez pas le nombre de sets ou de répétitions.

Bénéfices pour la santé:

+++Croissance, ++Force, +Endurance

5. Accroupissement frontal (quads)

Comment:
a. Tenez-vous épaules bien écartées devant le grand haltère
b. Positionnez le poids entre l'articulation de vos épaules et vos bras
c. Levez les bras et croisez-les de manière à ce qu'ils fassent une plateforme avec l'articulation de vos épaules pour la barre
d. Accroupissez-vous jusqu'à ce que vos quadriceps soient parallèles au sol tout en vous assurant que votre dos est droit
e. Remontez brusquement

Régime de répétition:

***3 sets de 10 à 12 répétitions. Chaque set devrait être difficile mais vous ne devriez pas atteindre un échec total. Vous devriez être capable de faire 2 à 3 répétitions après la 10ème. Ajustez le poids jusqu'à ce que vos critères soient atteints mais ne changez pas le nombre de sets ou de répétitions.

Bénéfices pour la santé:

+++Croissance, ++Force, +Endurance

6. Soulèvement grand haltère pour jambes (muscles ischio-jambiers)

Comment:
a. Tenez-vous le dos bien droit et les jambes à la largeur de vos épaules écartées
b. Prenez la barre qui est sur le sol avec les paumes vers le bas
c. penchez-vous avec votre taille (penchez-vous vers l'avant) jusqu'à ce que vous puissiez atteindre la barre
d. Tout en vous assurant que vos genoux ne sont pas pliés, soulevez la barre en utilisant votre dos en redressant votre taille
e. Rabaissez-vous et recommencez

Régime de répétition:

***3 sets de 10 à 12 répétitions. Chaque set devrait être difficile mais vous ne devriez pas atteindre un échec total. Vous devriez être capable de faire 2 à 3 répétitions après la 10ème. Ajustez le poids jusqu'à ce que vos critères soient atteints mais ne changez pas le nombre de sets ou de répétitions.

Bénéfices pour la santé:

+++Croissance, ++Force, +Endurance

7. Soulèvements (quads, muscles ischio-jambiers)

Comment:
a. Tenez-vous les épaules écartées devant un haltère à barre
b. Pliez vos genoux (vers l'avant) et tenez la barre avec les deux mains
c. Commencez en redressant vos jambes tout en mettant votre torse en une position verticale
d. Vous devriez être maintenant debout droit avec l'haltère à barre dans vos mains
e. Rabaissez le poids et recommencez

Régime de répétition:

***3 sets de 10 à 12 répétitions. Chaque set devrait être difficile mais vous ne devriez pas atteindre un échec total. Vous devriez être capable de faire 2 à 3 répétitions après la 10ème. Ajustez le poids jusqu'à ce que vos critères soient atteints mais ne changez pas le nombre de sets ou de répétitions.

Bénéfices pour la santé:

+++Croissance, ++Force, +Endurance

8. Boucles pour muscles ischio-jambiers (muscles ischio-jambiers)

Comment:
a. Allongez-vous sur la machine
b. Positionnez la partie supérieure de vos chevilles sur le coussin
c. Relevez vos jambes et tenez-bon pendant une seconde
d. Rabaissez le poids et recommencez

Régime de répétition:

***3 sets de 10 à 12 répétitions. Chaque set devrait être difficile mais vous ne devriez pas atteindre un échec total. Vous devriez être capable de faire 2 à 3 répétitions après la 10ème. Ajustez le poids jusqu'à ce que vos critères soient atteints mais ne changez pas le nombre de sets ou de répétitions.

Bénéfices pour la santé:

+++Croissance, ++Force, +Endurance

EXERCICES ABDOMINAUX (CENTRE)

Voici les exercices qui vont conditionner le centre de votre corps.

1. Haltère pour pencher sur le côté

Comment:
a. Tenez-vous debout, les épaules écartées, en tenant un petit haltère dans chaque main
b. penchez-vous de côté par la taille
c. Recommencez pour l'autre côté

Régime de répétition:

Se courber 3x20 de chaque côté

Bénéfices pour la santé:

++Force, ++Endurance, +++Stabilité du centre du corps

2. Craquement de câble

Comment:
a. Agenouillez-vous sous une poulie avec une corde
b. Attrapez la corde avec les deux mains
c. Bougez vos hanches de manière à activer vos abdos et soulever le poids
d. Abaissez-vous avec votre dos
e. Revenez à la position initiale

Régime de répétition:

Se courber 3x20 de chaque côté

Bénéfices pour la santé:

++Force, ++Endurance, +++Stabilité du centre du corps

3. Tournant Russe pondéré

Comment:
a. Allongez-vous sur le sol (assis) avec les jambes pliées aux genoux
b. Assurez-vous que votre torse est bien droit de telle manière qu'il forme un V avec vos cuisses
c. Étendez vos bras en tenant un poids et tournez votre torse vers votre droite autant que vous pouvez
d. Recommencez en tournant vers votre gauche

Régime de répétition:
***3 sets de 20 répétitions. Chaque set devrait être difficile mais vous ne devriez pas atteindre un échec total. Vous devriez être capable de faire 2 à 3 répétitions après la 20ème. Ajustez les répétitions jusqu'à ce que vos critères soient atteints mais ne changez pas le nombre de sets.

Bénéfices pour la santé:

++Force, +++Stabilité du centre du corps

4. Lever de jambe

Comment:
a. Allongez-vous sur le sol avec vos jambes bien droites
b. Placez vos mains près de vos fessiers de chaque côté
c. Relevez vos jambes jusqu'à faire un angle de 90 degrés tout en vous assurant que vos jambes ne se plient pas (vos mains devraient vous aider à garder l'équilibre et pousser sur le sol)

Régime de répétition:
***3 sets de 20 répétitions. Chaque set devrait être difficile mais vous ne devriez pas atteindre un échec total. Vous devriez être capable de faire 2 à 3 répétitions après la 20ème. Ajustez les répétitions jusqu'à ce que vos critères soient atteints mais ne changez pas le nombre de sets.

Bénéfices pour la santé:

++Force, +++Stabilité du centre du corps

5. Craquement

Comment:
a. Allongez-vous sur le sol, face vers le dessus
b. Pliez vos genoux de manière à faire un angle de 90 degrés
c. Soulevez votre torse juste assez pour que vos épaules ne touchent plus le sol (ne vous asseyez pas complètement)

Régime de répétition:
***3 sets de 40 répétitions. Chaque set devrait être difficile mais vous ne devriez pas atteindre un échec total. Vous devriez être capable de faire 2 à 3 répétitions après la 40ème. Ajustez les répétitions jusqu'à ce que vos critères soient atteints mais ne changez pas le nombre de sets.

Bénéfices pour la santé:

+++Endurance, +++Stabilité du centre du corps

6. Planche à pompes

Comment:
a. Positionnez-vous en une position de pompes
b. Abaissez-vous jusqu'à ce que vous soyez dans la première partie d'un mouvement de pompe
c. Tenez cette position

Régime de répétition:

***3 sets de 60 secondes. Chaque set devrait être difficile mais vous ne devriez pas atteindre un échec total. Ajustez le temps si nécessaire mais pas le nombre de sets.

Bénéfices pour la santé:

+++Endurance, ++Stabilité du centre du corps

7. Position de prise d'éoliennes

Comment:
a. Allongez-vous sur le sol face vers le dessus avec vos bras étendus et relevez vos jambes de manière à ce qu'elles forment un angle de 90 degrés
b. Tenez cette position

Régime de répétition:

***3 sets de 60 secondes.

Bénéfices pour la santé:

+++Endurance, +++Force

8. Craquement de la bicyclette

Comment:
a. Allongez-vous sur le dos avec vos mains derrière la tête
b. Pliez vos jambes de manière à ce qu'elles fassent un angle de 90 degrés
c. Ramenez votre genou droit vers votre coude gauche et touchez-le si possible
d. Recommencez avec le genou gauche

Régime de répétition:
***3 sets de 20 répétitions. Chaque set devrait être difficile mais vous ne devriez pas atteindre un échec total. Vous devriez être capable de faire 2 à 3 répétitions après la 20$^{ème.}$ Ajustez les répétitions jusqu'à ce que vos critères soient atteints mais ne changez pas le nombre de sets.

Bénéfices pour la santé:
+++Force, +++Endurance

EXERCICES CARDIOVASCULAIRES

Voici les exercices que vous ferez avant chaque séance d'entraînement à une intensité modérée.

1. **Sprints de haute-intensité (High-intensity training(HIT) sprints)**

Comment:
L'idée est d'effectuer des sprints de 8x30 secondes à une intensité maximum avec 2 minutes de repos entre chaque sprint.

Bénéfices pour la santé:

++ Puissance, +++Récupération, +++Vitesse

2. **Sprint des collines (Hill sprints (HIT))**

Comment:
L'idée est d'effectuer des sprints de 5x 10 à 30 secondes sur une colline ou une surface inclinée avec 2 minutes de repos entre chaque sprint.

Bénéfices pour la santé:

+++Puissance, +++Vitesse

GLOSSAIRE

Récupération Active : reposer vos muscles en restant actif de manière à ce que la circulation sanguine accélère votre récupération

Biceps: muscles des bras (région interne)

Delts ou Deltoïdes: muscles des épaules

Traps ou Trapézoïdes: muscles trapézoïde (sous le cou)

Croissance: croissance du muscle

Endurance: la capacité de rester productif après une longue période de temps

Echec total : c'est l'épuisement complet, l'incapacité de continuer

Puissance : la capacité de produire la plus forte énergie en une plus courte période de temps

Quads ou Quadriceps: muscles quadriceps (région externe des cuisses)

Hamstrings: muscles ischio-jambiers (région interne des cuisses)

Force : la capacité de soulever plus de poids pour le même volume de travail

Triceps: muscles des bras (région externe)

CHAPITRE 3: RECETTES DE PETITS DÉJEUNERS RICHES EN PROTÉINES POUR LA CROISSANCE MUSCULAIRE

Cette section vous fournira des recettes spécifiques pour que vous les prépariez ou que vous les fassiez préparer dans le but d'augmenter votre consommation de protéine. Vous pouvez augmenter la quantité et les parts de protéine au besoin et pouvez changer l'ordre des repas si nécessaire.

Par exemple, si vous préférez avoir une recette de dîner spécifique au lieu du menu du déjeuner prévu, allez-y, tant que vous avez au moins trois repas et ajoutez un shake de protéine compris directement après ces recettes de repas.

Les recettes de desserts incluses dépendent de vous, si vous voulez en faire partie de votre régime ou pas.

Pour de meilleurs résultats, essayez de prendre au moins 5 repas par jour et ajoutez un shake de protéines en plus.

Assurez-vous de boire beaucoup d'eau pour aider votre corps à digérer les grandes quantités de protéines que vous consommerez. Selon votre style de vie et le nombre de cardio que vous ferez durant votre entraînement, il faudra compter de 10 à 16 verres d'eau.

Recette de petit-déjeuner 1
Gaufres au Ricotta et pêches

Ce petit-déjeuner riche en protéines merveilleux et facile à faire vous donnera un sentiment de satiété pendant plusieurs heures et vous fournira toute l'énergie dont vous aurez besoin durant la journée. Le fromage Ricotta est une excellente source de protéines et de calcium.

1. Ingrédients:
Gaufre de blé entier
1 pêche tranchée
½ tasse de fromage Ricotta demi-écrémé

2. Préparation:
Étaler le fromage et les tranches de pêche sur la gaufre.

3. Valeurs Nutritives:
Calories: 300
Protéines: 15g
Lipides: 13g
Glucides: 38g
Fibres: 6g

Recette de petit-déjeuner 2
Salade de pomme, fromage et cannelle

Il n'y a rien de tel qu'un petit-déjeuner sain et sucré pour commencer votre journée. Si vous n'aimez pas la cannelle, utilisez une autre épice. Le fromage blanc aidera à enlever la graisse qui bouche les artères et il est plein de protéines.

1. Ingrédients:
¾ tasse de fromage de campagne écrémé
1 pomme tranchée
Cannelle

2. Préparation:
Saupoudrez simplement le fromage et la cannelle sur les tranches de la pomme.

3. Valeurs Nutritives:
Calories: 250
Protéines: 25g
Lipides: 2g
Glucides: 36
Fibres: 6

Recette de petit-déjeuner 3
Petit-déjeuner Classique BLT

C'est la plus saine version du sandwich classique. Cette recette est pleine de protéines qui vous donneront assez d'énergie pour vos exercices d'entraînement matinaux.

1. Ingrédients:
Muffin Anglais de blé complet
Mayonnaise légère
4 tranches de bacon Canadien ou bacon de dinde
Laitue
Tomate tranchée

2. Préparation:
Utilisez le muffin comme base et étalez de la mayonnaise, une tranche de bacon et une feuille de laitue sur chaque moitié du muffin

3. Valeurs Nutritives:
Calories: 205
Protéines: 16g
Lipides: 4g
Glucides: 30g
Fibres: 3g

Recette de petit-déjeuner 4
Yaourt grec fruité

Quand vous avez très envie de yaourt, ayez à l'esprit que la version grecque a deux fois plus de protéines que la version traditionnelle. C'est pourquoi il devrait faire partie de votre habitude de régime du matin riche en protéines.

1. Ingrédients:
6 onces de Yaourt Grec
1 cuillerée de noix concassées, n'importe quelle sorte
1 à 2 cuillerées de céréales complètes
½ banane
½ tasse de baies
1 orange

2. Préparation:
Étalez tous les ingrédients sur le Yaourt et mélangez. Utilisez l'orange à côté.

3. Valeurs Nutritives:
Calories: 260
Protéines: 22g
Lipides: 5g
Glucides: 38g
Fibres: 3g

Recette de petit-déjeuner 5
Western Scramble riche en Protéines

C'est un merveilleux petit-déjeuner que vous pouvez confectionner le dimanche et manger toute la semaine. C'est parfait pour les matins actifs et il contient 40 grammes de protéines pour la construction de vos muscles.

1. Ingrédients:
5 tasses d'œufs battus
1 tasse de fromage cheddar
8 oz de jambon haché faible en sel
1 tasse de cubes d'oignon
1 poivron poblano en cubes
1 Cuillerée d'huile d'olive
5 pommes

2. Préparation:
Mettez de l'huile dans une casserole à feu moyen. Une fois que l'huile est chaude, ajoutez les poivrons et les oignons. Sauter jusqu'à ce que les oignons deviennent translucides. Mélangez les œufs, le jambon, le fromage, les poivrons et les oignons. Laissez refroidir. Mélangez et prenez une portion, mettez-la dans un bol à micro-ondes pendant 2 minutes, mélangez puis remettez au micro-ondes pendant 30 autres secondes. Servez avec une pomme.

3. Valeurs Nutritives:
Calories: 418
Lipides: 13g

Glucides: 35g
Fibres: 6g
Protéines: 40g

Recette de petit-déjeuner 6
Jambon & Œuf 1-Minute

Ce bol de petit-déjeuner simple et pourtant très sain vous gardera rassasié jusqu'au déjeuner. C'est encore meilleur servi pendant que c'est vraiment chaud. Qui aurait pensé qu'un plat classique comme ceci pourrait vous aider à construire des muscles ?

1. Ingrédients:
1 tranche mince de jambon deli
1 œuf battu
Fromage Cheddar râpé

2. Préparation:
Mettez le jambon dans un verre à moutarde. Versez l'œuf sur le jambon. Mettez au Micro-ondes fort pendant 30 secondes puis mélangez. Remettez au Micro-ondes pendant 15 à 30 secondes. Saupoudrez avec le fromage râpé. Servir pendant que c'est chaud.

3. Valeurs Nutritives:
Calories: 133
Total Lipides: 8 g
Sodium: 420 mg
 Carbohydrates: 2 g
 Protéines: 12 g

Recette de petit-déjeuner 7
Petit-déjeuner Œuf & Bacon

Une autre recette d'œuf saine pour vous garder rassasié jusqu'à l'heure du déjeuner. La majeure partie des gens aime chaque ingrédient, ainsi il n'y a aucune raison de ne pas en faire votre routine du matin.

1. Ingrédients:
2 Œufs
2 Cuillères de lait ou d'eau
Sel et poivre
3 cuillères de beurre
4 tranches de pain de blé complet
2 tranches de fromage
4 tranches de bacon cuit

2. Préparation:
Battez les œufs, le lait, le sel et le poivre. Faites chauffer 1 cuillère de beurre à feu moyen jusqu'à ce que ce soit chaud. Versez-y le mélange d'œufs. Remuez doucement les œufs dans le poêle avec une grande cuillère, en formant de larges bords. Continuez à plier les œufs jusqu'à ce que ce soit épaissi. Enlever du poêle.
Tartiner du beurre sur une face de chaque tranche de pain. Placez 2 tranches dans une sauteuse, face beurrée en dessous. Versez-y uniformément les œufs, le formage et le bacon. Couvrir avec les 2 tranches de pain restantes, face beurrée au-dessus. Faites griller les sandwiches en les tournant une fois, jusqu'à ce que le pain soit toasté et e fromage fondu.

3. Valeurs Nutritives:
Calories: 408
Total Lipides: 23 g
Cholestérol: 239 mg
Sodium: 698 mg
Carbohydrates: 24 g
Fibres Diététiques: 4 g
Protéines: 23 g

Recette de petit-déjeuner 8
Smoothie aux baies

Il n'y a rien de plus savoureux qu'un petit-déjeuner sucré tôt le matin. Cela prend seulement 2 minutes à préparer et il vous gardera rassasié pendant des heures.

1. Ingrédients:
¾ tasse de lait écrémé
½ banane
6 Yaourt Grecs non gras
¾ tasse de baies fraîches ou congelées
Glaçons

2. Préparation:
Mixez tous les ingrédients dans un mixeur jusqu'à ce que ce soit lisse et onctueux. Appréciez.

3. Valeurs Nutritives:
Calories: 265
Protéines: 25 g
Lipides: 1 g
Glucides: 40 g
Fibres: 4 g

Recette de petit-déjeuner 9
Omelette végétarienne du jardin

Ce plat coloré est plein de protéines et très pauvre en graisse. Il est facile à faire et vous pouvez substituer des légumes avec des fruits ou vice versa.

1. Ingrédients:
Omelette de 1 œuf et 2 à 3 blancs d'œufs
Poignée d'épinards, poivrons, champignons, courgette, tomates (ou seulement un)
Assaisonnement
Basilic
Toast de pain complet
Beurre d'amandes, de noix de cajou ou d'arachides

2. Préparation:
Fouettez l'omelette et ajoutez ensuite les légumes, le basilic coupé et l'assaisonnement. Appréciez avec un toast et du beurre d'amandes, de noix de cajou d'arachides - pour de la graisse saine.

3. Valeurs Nutritives:
Calories: 280
Protéines: 27 g
Lipides: 9 g
Glucides: 26 g
Fibres: 5 g

Recette de petit-déjeuner 10
Shake de petit-déjeuner pour remplacer un repas

Ce shake est votre meilleur ami après une routine de séance d'entraînement rigoureuse. Si vous voulez réduire sur la graisse, faites-la sans beurre de cacahuètes.

1. Ingrédients:
1/2 banane découpée
1/2 tasse de fraises hachées
1 pomme
1 prune
2 cuillère de germe de blé
1 tasse de lait écrémé
en option 1 cuillère de beurre d'arachide

2. Préparation:
Mettez la banane découpée, la pomme, les fraises et la prune dans le mélangeur. Ajoutez le lait sans matières grasses et les germes de blé. Ajoutez le beurre de cacahuètes (facultatif). Mettez deux ou trois cubes de glace dans le mélangeur. Servir.

3. Valeurs Nutritives:
Calories: 705
Lipides: 21.3 g
Sodium: 177.1 mg
Total Glucides: 101.8 g
Fibres Diététiques: 22.8 g
Protéines: 43.2 g

Recette de petit-déjeuner 11
Petit-déjeuner Pita 10-Minutes

Facile à faire et très rassasiant ! C'est délicieux et plein de protéines.

1. Ingrédients:
Un piment Jalapeño
Un pain pita
5 sprays de beurre en spray (vaporisateur)
2 tranches de fromage Américain non-gras
tomate tranchée
1 gros œuf

2. Préparation:
Vaporiser le pain pita des deux côtés avec vaporisateur de beurre. Mettez 1 œuf cuit dessus. Mettez le Jalapeño, la tomate et 1 tranche de fromage et terminez avec une couche de pita. Cuisez dans le grille-pain à 400 pendant 10 minutes.

3. Valeurs Nutritives:
Calories: 240.1
Total Lipides: 6.1 g
Cholestérol: 212.5 mg
Sodium: 339.8 mg
Total Glucides: 29.8 g
Fibres: 9.3 g
Protéines: 23.5 g

Recette de petit-déjeuner 12
Crêpes de Petit-déjeuner

Il y a des versions plus saines de crêpes et celle-ci est l'une d'entre elles. Rapide et facile à faire, elle vous donnera assez d'énergie même pour la séance d'entraînement la plus épuisante.

1. Ingrédients:
1 grand pot de Yaourt Grec non-gras
6 blancs d'œufs
2/3 tasse d'avoine à l'ancienne
3 cuillères à café de sucre
1 grande cuillère de poudre de cacao non sucré

2. Préparation:
Mélangez les œufs et le yaourt. Mélangez les flocons d'avoine avec le cacao en poudre. Vaporisez la casserole avec un vaporisateur anti-adhérent et mettez-y le mélange. Quand vous voyez des bulles sur le dessus, retournez le pancake.

3. Valeurs Nutritives:
Calories: 35.5
Total Lipides: 0.3 g
Cholestérol: 0.0 mg
Sodium: 37.1 mg
Total Glucides: 6.5 g
Fibres: 0.9 g
Protéines: 23.8 g

CHAPITRE 4: RECETTES DE DÉJEUNERS RICHES EN PROTÉINES POUR LA CROISSANCE MUSCULAIRE

Recette de déjeuner 1
Casserole de Poulet aux Légumes

Ceci est la version la plus saine d'un déjeuner traditionnel populaire. Tout est frais et sain, ainsi il n'y a aucun besoin de soupes instantanées ou des sauces au jus de viande.

1. Ingrédients:
12 oz de poitrine de poulet cuit coupés en dés
2 grande cuillère de farine
2 grande cuillère de beurre
10 oz de lait écrémé
poivre blanc
1 petite cuillère d'assaisonnement italien
1 grande cuillère de fromage Parmesan râpé
7 oz de pâtes Penne
2 poivrons jaunes ou oranges découpés
1 courgette découpée
2 têtes de brocoli découpées
1/3 c fromage Monterey jack
spray anti-adhérent pour cuisine

2. Préparation:
Mettez le beurre dans un petit pot à sauce préchauffé à feu moyen. Quand le beurre commence à faire des bulles, ajoutez la farine et mélangez pendant 1 minute. Ajoutez le

lait et continuez à remuer jusqu'à ébullition. Réduisez la chaleur et faites bouillir pendant 10 minutes. Ajoutez le poivre, l'assaisonnement et le fromage. Remuez pour bien mélanger. Cuisinez les pâtes selon les directives du paquet. Préchauffez le four à 350 degrés. Pendant la dernière minute de la cuisson des pâtes, ajoutez le brocoli à l'eau. Laissez bouillir.

Égouttez les pâtes et le brocoli. Vaporisez le fond et les côtés d'un plat de 9 X 13 allant au four avec le vaporisateur de cuisine anti-adhérent.

Dans un bol, mélangez les pâtes et le brocoli avec le poulet et les légumes; couvrez avec la sauce. Mettez-le dans le plat allant au four. Aspergez avec le fromage Monterey jack et couvrez avec une feuille de métal.

Enfournez pendant 20 minutes ; enlevez la feuille de métal et enfournez jusqu'à ce que le fromage soit fondu.

3. Valeurs Nutritives:
Calories: 320.6
Total Lipides: 8.9 g
Cholestérol: 51.8 mg
Sodium: 175.3 mg
Total Glucides: 36.1 g
Fibres Diététiques: 8.8 g
Protéines: 27.9 g

Recette de déjeuner 2
Pain Plat au Poulet BBQ

Cette recette familiale est super pour des journées chaudes d'été et elle est pleine de protéines. Si vous êtes fans de pizza, mais voulez aussi rester en bonne forme, cette recette est une super remplaçante.

1. Ingrédients:
2 pains plats
1 oignon rouge, tranché
1 poivron jaune ou rouge, tranché
Pincée de poivre noir
12 onces de poitrine de poulet sans os ni peau
1/4 tasse de sauce barbecue
1 grande cuillère de jus d'ananas
1/4 tasse d'ananas découpé
1/4 tasse de fromage Monterey Jack râpé
2 tranches de bacon Canadien, découpé

2. Préparation:
Préchauffez le gril à 500 degrés Fahrenheit.
Placez les oignons et les poivrons sur une grande feuille de métal résistante, aspergez ensuite avec du poivre. Couvrez les deux côtés du poulet avec le vaporisateur à cuisiner.
Placez les légumes et le poulet sur le gril. Faites cuire le poulet trois ou quatre minutes de chaque côté.
Enlevez le poulet et les légumes du gril, baissez ensuite la chaleur à 400 degrés Fahrenheit.
Coupez le poulet en petites bouchées. Ajoutez les légumes grillés, la sauce barbecue et le jus d'ananas à un

mélangeur et aspergez.
Mettez les pains plats sur une pierre à pizza. Aspergez 1/2 tasse de sauce sur chaque pain plat et placez dessus le poulet, le fromage, l'ananas et le bacon et mettez-le sur le gril. Faites cuire pendant 10 minutes, jusqu'à ce que le fromage ait fondu.
Enlevez de la chaleur.

3. Valeurs Nutritives:
Calories: 233.4
Total Lipides: 5.1 g
Cholestérol: 61.5 mg
Sodium: 234.2 mg
Total Glucides: 21.4 g
Fibres Diététiques: 2.9 g
Protéines: 25.8 g

Recette de déjeuner 3
Casserole Mexicaine

C'est un favori familial ! C'est sain pour la santé, épicé et plein de protéines.

1. Ingrédients:
1 boîte de soupe de champignons sans crème
1 boîte de soupe de poulet sans crème
2 boîtes d'eau
1 boîte d'haricots noirs rincés et égouttés
1 boîte de tomates coupés en dés
1 1/2 boîte de riz instantané
1 paquet d'assaisonnement taco
coriandre et oignon vert découpés
3 livres de poitrine de poulet congelé sans os ni peau
1 tasse de fromage Cheddar râpé

2. Préparation:
Préchauffez le four à 350.
Aspergez une cocotte de 13x9 pouces avec un vaporisateur à cuisiner. Dans un bol, fouettez ensemble les soupes, l'eau et l'assaisonnement de taco, versez ensuite dans le plat. Aspergez le riz, mettez ensuite les blancs de poulets (toujours gelés) par-dessus.
Versez des haricots et les tomates sur le poulet, aspergez avec la coriandre et les oignons verts.
Couvrir avec une feuille de métal et faire cuire pendant 1 heure et 40 minutes.
Enlevez la feuille de métal, aspergez dessus le fromage râpé pour qu'il fonde et faire cuire pendant 10 autres minutes.

3. Valeurs Nutritives:
Calories: 269.9
Total Lipides: 5.1 g
Cholestérol: 79.3 mg
Sodium: 546.4 mg
Total Glucides: 19.3 g
Fibres Diététiques: 3.8 g
Protéines: 34.4 g

Recette de déjeuner 4
Chili végétarien riche en protéines

Il n'y a aucune raison pour que les repas végétariens soient fades. Ce merveilleux Chili est sans produits laitiers ni viande, mais il a quand même un goût délicieux.

1. Ingrédients:
4 boîtes de sauce tomates
1 boîte d'haricots Pinto
1 oignon Vidalia en cubes
Un paquet de chapelure
1 carré de chocolat à 72% de cacao
2 grande cuillère de poudre de Chili
1 grande cuillère de poivre noir
0.5 petite cuillère de cannelle
0.5 Petite cuillère de noix de muscade

2. Préparation:
Dans un poêle antiadhésif faites sauter la chapelure et les oignons jusqu'à ce que les oignons soient tendres. Puis, mélangez tous les ingrédients dans une mijoteuse et faites cuire à feu fort pendant 3 heures, puis abaissez le feu jusqu'à ce que ce soit prêt à servir.

3. Valeurs Nutritives:
Calories: 348.2
Total Lipides: 3.0 g
Cholestérol: 0.0 mg
Sodium: 2,408.5 mg
Total Glucides: 44.7 g
Fibres Diététiques: 18.6 g

Protéines: 56.9 g

Recette de déjeuner 5
Soupe d'haricots blancs

Cette recette simple et facile pour le déjeuner d'été est remplie de 80 grammes de protéines. C'est délicieux et peut être fait avec presque tout ce que vous pouvez trouver dans votre réfrigérateur.

1. Ingrédients:
2 Poitrine de poulet sans os ni peau coupés en morceaux de la taille de bouchées
2 carottes tranchées
7 branches de cèleri tranché
1 gros oignon, coupé en dés
1/4 boîte d'haricots blancs
1/4 boîte de pois chiches secs
1/4 boîte d'orge perlée crue et sèche
1/4 boîte de riz brun cru
1/4 boîte de riz sauvage cru (non cuisiné)
1/4 boîte de farro cru
1/4 boîte de quinoa cru
Sel de mer, poivre & persil pour le goût
Eau

2. Préparation:
Ajoutez 2 tasses d'eau à un pot de soupe. Ajoutez tous les autres ingrédients et mettre sur brûleur fort. Ajoutez plus d'eau pour remplir le pot. Amenez à bouillir. Mettez le couvercle et abaissez le brûleur à une forte ébullition. Enlevez le couvercle et remuez. Si l'eau s'évapore, ajoutez plus d'eau pour garder le niveau. Continuez à cuisiner

jusqu'à ce que tous les haricots soient cuits. Ceci devrait prendre environ 3 heures.

3. Valeurs Nutritives:
Calories: 116
Total Lipides: 1.9 g
Cholestérol: 21 mg
Sodium: 70 mg
Total Glucides: 15 g
Fibres: 3 g
Protéines: 10.9 g

Recette de déjeuner 6
Salade de thon à la Mexicaine

Quand vous êtes pressé et que vous avez envie d'un repas frais, ne cherchez pas plus loin. Cette salade étonnante est saine et pleine de protéines et elle vous aidera à construire des muscles.

1. Ingrédients:
1 gros oignon découpé
2 grosses tomates
1 bouquet de coriandre
400 grammes de Thon
jus d'un citron lime

2. Préparation:
Tranchez l'oignon et couvrir avec du sel. Couvrez les oignons salés dans l'eau. Laissez-les reposer pendant 30 minutes. Après qu'ils aient trempé, égouttez-les et rincez-les avec l'eau courante.

Tranchez les tomates et la coriandre et mélangez-les avec les oignons. Pressez le jus dessus. Ouvrez la boîte thon et égouttez-la et ajoutez-la au mélange. Émiettez le thon en petits morceaux et ajoutez-y les ingrédients.

3. Valeurs Nutritives:
Calories: 308.8
Total Lipides: 2.5 g
Cholestérol: 60.0 mg
Sodium: 695.3 mg
Total Glucides: 18.5 g
Fibres Diététiques: 4.3 g
Protéines: 53.7 g

Recette de déjeuner 7
Poisson à la Méditerranéenne

Ajoutez un certain goût de mer à votre fête avec ce beau poisson cuit. Il est fait avec des ingrédients qui réduisent la graisse, donc vous pourrez vous en resservir autant que vous voudrez !

1. Ingrédients:
2 petites cuillères d'huile d'olive
1 gros oignon tranché
1 boîte de tomates entières égouttées et grossièrement découpées
1 feuille de laurier
1 gousse d'ail émincée
3/4 tasse de jus de pomme
1/2 tasse de jus de tomate réservé
1/4 de jus de citron
1/4 tasse de jus d'orange
1 grande cuillère de peau d'orange grattée
1 petite cuillère de graines de fenouil
1/2 petite cuillère d'origan séché écrasé
1/2 petite cuillère de thym séché écrasé
1/2 petite cuillère de basilic séché écrasé
Poivre noir selon votre goût
1 livre de Filets de Poissons

2. Préparation:

Chauffez l'huile dans un poêlon. Ajoutez l'oignon et faites sauter jusqu'à ce que l'oignon soit tendre. Ajoutez tous les ingrédients restants sauf le poisson. Faites bouillir à découvert pendant 30 minutes. Placez le poisson dans un plat de 10x6 pouces allant au four, couvrir avec la sauce. Cuisez à 375 º F environ 15 minutes jusqu'à ce que le poisson se détache en flocons.

3. Valeurs Nutritives:

Calories: 225.5
Total Lipides: 4.4 g
Cholestérol: 77.5 mg
Sodium: 277.0 mg
Total Glucides: 17.3 g
Fibres Diététiques: 2.5 g
Protéines: 29.4 g

Recette de déjeuner 8
Poulet à la Marocaine

Avec presque aucune graisse, ce poulet traditionnel marocain est si sain que vous pouvez le sentir! Il n'y a presque aucun effort dans sa préparation, donc c'est un plaisir pour vos journées chargées.

1. Ingrédients:
2 tasses de carottes découpées
1.5 tasses de lentilles sèches
2 livres de poitrines de poulet sans os ni peau
2 petites cuillères d'ail émincé
3/4 cuillère de sel
3/4 cuillère de curcuma
1/2 petite cuillère de piment de Cayenne
1/2 petite cuillère de cannelle
4 tasses de bouillon de poule dégraissé

2. Préparation:
Mettez tous les ingrédients dans cet ordre dans un fait-tout ou un chaudron. Couvrir et faire cuire pendant 5 heures.

3. Valeurs Nutritives:
Calories: 355
Total Lipides: 2 g
Cholestérol: 87 mg
Sodium: 763 mg
Total Glucides: 32 g
Fibres Diététiques: 16 g
Protéines: 49 g

Recette de déjeuner 9
Poitrines de Poulet Marinées

Ceci est le favori d'enfants. Les poitrines marinées de cette façon peuvent être tout simplement gelées et dégelées par la suite, lorsque vous le souhaitez!

1. Ingrédients:
1 boîte de babeurre
1 grande cuillère de moutarde de Dijon
1 grande cuillère de miel
1 grande cuillère de romarin frais
1/2 petite cuillère de thym séché
1/2 petite cuillère de sauge séchée
1/2 petite cuillère de marjolaine séchée
1/2 petite cuillère de poivre
1 petite cuillère de sel
8 poitrines de poulet sans os

2. Préparation:
Mélangez le babeurre, la moutarde, le miel et les assaisonnements et versez-les sur les poitrines de poulets dans un sac de congélateur. Griller à feu moyen jusqu'à ce que les jus soient devenus clairs.

3. Valeurs Nutritives:
Calories: 282.8
Total Lipides: 3.2 g
Cholestérol: 138.1 mg
Sodium: 521.5 mg
Total Glucides: 3.9 g
Fibres Diététiques: 0.1 g

Protéines: 55.6 g

Recette de déjeuner 10
Salade d'haricots blancs et Thon

Ceci est une version rafraîchissante de votre salade de thon préférée. Si vous la faites fait avec des tomates et du concombre, c'est un merveilleux déjeuner léger plein de protéines.

1. Ingrédients:
2 boîtes de morceaux de thon clair en eau
1 boîte d'haricots blancs ou pois-chiches
1 poivron rouge coupé en dés
1/4 tasse d'oignon rouge coupé en dés
1 cuillère d'huile d'olive
Jus d'un citron
Persil, tomates, concombre

2. Préparation:
Mélangez tout et faites rafraîchir dans le réfrigérateur pendant au moins 4 heures. Servez sur un lit de verdure avec le concombre et des tomates.

3. Valeurs Nutritives:
Calories: 219.1
Total Lipides: 4.1 g
Cholestérol: 24.7 mg
Sodium: 421.6 mg
Total Glucides: 20.4 g
Fibres Diététiques: 6.1 g
Protéines: 27.6 g

Recette de déjeuner 11
Pain de viande de dinde

Le pain de viande est un repas de déjeuner bien adoré de toute la génération. Cependant, ici nous vous donnons une version saine d'un pain de viande qui est si irrésistible.

1. Ingrédients:

2 livre de Dinde Crue
1 paquet de mélange pour farce à cuire
1 gros œuf
½ boîte d'eau filtrée
¼ boîte de Ketchup

2. Préparation:

Préchauffez le four à 350 degrés. Mélangez tous les ingrédients, mais omettez 1/8 boîte de Ketchup. Faites un pain de viande et mettez-le dans un plat allant au four. Faites un glaçage sur le dessus avec le ketchup restant et faites cuire à 350 degrés pendant 45-55 minutes.

3. Valeurs Nutritives:

Calories: 220.6
Total Lipides: 2.7 g
Cholestérol: 72.1 mg
Sodium: 445.2 mg
Total Glucides: 13.3 g
Fibres Diététiques: 0.4 g
Protéines: 28.5 g

Recette de déjeuner 12
Poulet à la Créole facile-à-faire

Ce plat traditionnel du Sud n'a aucune graisses supplémentaire et il est super facile et rapide à faire.

1. Ingrédients:
Spray anti adhérent de cuisine
4 poitrines de poulet en demis avec peau et os coupés en bandes
1 boîte (14 onces) de tomates
1 tasse de sauce Chili peu salée
1-1/2 tasse de poivrons verts
1/2 tasse de céleri découpé
1/4 tasse d'oignon découpé
2 gousses d'ail émincé
1 grande cuillère de basilic frais
1 grande cuillère de persil frais
1/4 petite cuillère de piment rouge écrasé
1/4 petite cuillère de sel

2. Préparation:
Vaporisez un poêlon avec le vaporisateur antiadhésif. Préchauffez à feu vif. Cuisinez le poulet en le remuant pendant 3-5 minutes. Réduisez la chaleur. Ajoutez des tomates et le jus, la sauce chili, le poivron vert, le céleri, l'oignon, l'ail, le basilic, le persil, le piment rouge et le sel. Amenez à ébullition; réduisez la chaleur et faites bouillir pendant 10 minutes. Servez sur le riz cuisiné chaud ou des pâtes.

3. Valeurs Nutritives:
Calories: 255.4
Total Lipides: 4.5 g
Cholestérol: 77.0 mg
Sodium: 652.4 mg
Total Glucides: 20.7 g
Fibres Diététiques: 4.3 g
Protéines: 33.3 g

Le programme de formation de Muscles en 30 Jours

CHAPITRE 5: RECETTES DE DÎNERS RICHES EN PROTÉINES POUR LA CROISSANCE MUSCULAIRE

Recette de dîner 1
Salade d'haricots

C'est bien plus qu'une salade. C'est parfait pour les dîners quand vous avez à planifier.

1. Ingrédients:
6 tranches de bacon
3 boîtes de 15.5 onces d'haricots Cannellini, rincés
3 grandes cuillères de vinaigre de cidre de pomme
3 grandes cuillère d'huile d'olive
3 grandes cuillères de graines de moutarde entières
Sel Casher et poivre noir
3 grandes cuillères de ciboulette fraîche

2. Préparation:
Faites cuire le bacon dans un grand poêlon à feu moyen jusqu'à ce qu'il devienne craquant; émiettez, couvrez et mettez de côté à température ambiante. Mélangez les haricots, le vinaigre, l'huile et la moutarde et l'assaisonnement avec une ½ cuillère chacune de sel et de poivre. Réfrigérez pendant 8 heures. Avant de servir, ajoutez la ciboulette et le bacon.

3. Valeurs Nutritives:
Calories 138

Lipides 7 g
Lipides Saturés 1 g
Cholestérol 5 mg
Sodium 416 mg
Protéines 5 g
Carbohydrates 13 g
Sucre 0 g
Fibres 3 g
Fer 1 mg
Calcium 28 mg

Recette de dîner 2
Côtelettes de dinde avec poivrons et haricots

Cette recette est idéale pour un dîner familial plaisant qui compensera toutes vos Protéines dépensées pendant la journée!

1. Ingrédients:
2 grandes cuillères d'huile d'olive
8 côtelettes de dinde (environ 1 1/2 livre),
Sel Casher et poivre noir
2 poivrons moyens finement tranchés
2 grandes échalotes tranchées
1 boîte de 15.5-onces d'haricots cannellini rincés
1/2 tasse d'olives Kalamata dénoyautées
1/2 tasse de feuilles de persil plat frais
1 grande cuillère de vinaigre de vin rouge

2. Préparation:
Chauffez 1 cuillère d'huile dans un grand poêlon à feu moyen. Relevez la dinde avec ¼ de petite cuillère de sel et le poivre noir. Travaillant en 2 lots, faites cuire la dinde jusqu'à ce qu'elle soit cuite 2 à 3 minutes de chaque côté. Chauffez une cuillère d'huile dans un deuxième grand poêlon sur chaleur moyenne à haute. Ajoutez les poivrons, les échalotes, la ½ cuillère de sel et le ¼ de cuillère de poivre noir. Cuisinez jusqu'à ce que ce soit attendri, 5 à 7 minutes. Ajoutez les haricots, les olives, le persil et le vinaigre au poêlon et à mélangez. Servez la dinde recouverte du mélange de légumes.

3. Valeurs Nutritives:
Calories 414
Lipides 20 g
Lipides Saturés 5 g
Cholestérol 97 mg
Sodium 755 mg
Protéines 40 g
Carbohydrates 16 g
Sucre 2 g
Fibres 4 g
Fer 3 mg
Calcium 79 mg

Recette de dîner 3
Steak aux tomates poêlées

Admettons-le, nous aimons tous le steak. Celui-ci est si délicieux, il fondra pour chaque papille gustative.

1. Ingrédients:

Sel Casher et poivre noir
3 cuillères plus 3 cuillères d'huile d'olive
2 steaks d'entrecôtes (1 pouce d'épaisseur ; environ 1 ½ livre au total)
2 grappes de tomates en grappes
1/4 tasse de feuilles d'origan fraîches
1 livre d'haricots verts, équeutés
2 gousses d'ail, finement émincés
1/4 à 1/2 petites cuillères de piment rouge écrasé

2. Préparation:

Amenez un grand pot d'eau salée à ébullition. Chauffez 2 cuillères à thé d'huile dans un poêlon à chaleur moyenne-haute. Relevez les steaks avec ½ petite cuillère de sel et ¼ de petite cuillère de poivre noir et faites cuire au niveau de cuisson désiré de chaque côté pour une cuisson 'à point'. Laisser reposer pour 5 minutes avant de trancher.

Bien essuyer le poêlon et chauffez 1 petite cuillère d'huile restante à chaleur moyenne-haute. Ajoutez les tomates et le ¼ de petite cuillère chacune de sel et de poivre noir. Cuisiner jusqu'à ce que ça commence à s'attendrir, 4 à 6 minutes. Mélangez avec l'origan.

Pendant ce temps, faites cuire les haricots verts jusqu'à ce qu'ils s'attendrissent, 3 à 4 minutes et égouttez-les. Bien essuyer le pot et chauffez l'ail dans 3 cuillères d'huile à feu moyen, en remuant, jusqu'à en sentir l'odeur parfumée, 1 à 2 minutes. Ajoutez les haricots, la ½ cuillère de sel et le ¼ de la cuillère de poivre noir mélangez. Aspergez avec du piment rouge et servez avec le steak et les tomates.

3. Valeurs Nutritives:
Calories 325
Lipides 13 g
Lipides Saturés 4 g
Cholestérol 74 mg
Sodium 863 mg
Protéines 37 g
Carbohydrates 15 g
Sucre 4 g
Fibres 6 g
Fer 4 mg
Calcium 86 mg

Recette de dîner 4
Enchiladas aux haricots et épinards

Ajoutez un certain esprit mexicain à votre banquet avec cette recette d'été!

1. Ingrédients:
1 15.5-onces d'haricots noirs
1 paquet de 10-onces d'épinards hachés
1 tasse de maïs
1/2 petite cuillère de cumin moulu
8 onces de fromage Cheddar fort
Sel Casher et poivre noir
2 pots de 16-onces de salsa
8 tortillas de maïs de 6-pouces chauds
1 tête de laitue romaine moyenne
4 radis, coupés
1/2 tasse de tomates-grappes
1/2 concombre, tranché
3 grandes cuillères de jus de citron vert (Lime) frais
2 grandes cuillères d'huile d'olive
Oignons hachés

2. Préparation:
Dans un bol moyen, écrasez la moitié des haricots. Ajoutez les épinards, le maïs, le cumin, 1 tasse de Cheddar, les haricots restants, la ½ petite cuillère de sel et le ¼ de la petite cuillère de poivre et mélangez pour combiner.

Étendez 1 bocal de la salsa dans le fond d'une mijoteuse. En répartissant en parts égales, roulez le mélange de haricot dans les tortillas et placez le côté d'ouverture des rouleaux en bas dans une couche seule dans la mijoteuse. Mettez-y par-dessus la salsa restante et le Cheddar. Couvrir et faire cuire jusqu'à ce que ce soit chaud partout, en feu bas pendant 2 ½ à 3 heures.

Avant de servir, placez la laitue, les radis, les tomates et le concombre dans un grand bol avec le jus de citron vert (Lime), l'huile et une ½ petite cuillère chacune de sel et de poivre. Servez avec les enchiladas et aspergez avec les oignons hachés.

3. Valeurs Nutritives:
Calories 576
Lipides 28 g
Lipides Saturés 11 g
Cholestérol 61 mg
Sodium 2,457 mg
Protéines 28 g
Carbohydrates 60 g
Sucre 10 g
Fibres 12 g
Fer 4 mg
Calcium 621 mg

Recette de dîner 5
Omelette à l'Espagnole avec patates et chorizo

Cette merveilleuse omelette peut être votre petit déjeuner ou votre dîner. Dans tous les cas, c'est plein de substances nutritives et elle a une bonne saveur!

1. Ingrédients:
3 grandes cuillères d'huile d'olive Extra-Vierge
1 gros oignon jaune
2 onces de saucisses Espagnoles tranchées en demi-lunes fines
3/4 livre de pommes de terre rouges
Sel Casher et poivre noir
3/4 tasse de persil à feuille plate, haché
10 gros œufs battus
1 tasse de Cheddar râpé
1 petite tête de laitue verte
1/2 petit oignon rouge, finement émincé

2. Préparation:
Préchauffez le four à 400 ° F. Chauffez 1 grande cuillère d'huile dans un grand poêlon à feu moyen. Ajoutez l'oignon jaune et le faites le cuire pendant 5 minutes. Ajoutez le chorizo, les pommes de terre et une ½ petite cuillère chacune de sel et de poivre et faites cuire, couvert, en remuant de temps en temps, jusqu'à ce que les pommes de terre soient tendres, pendant 10 minutes. Ajoutez le persil. Versez les œufs et mélangez pour bien répartir les ingrédients. Aspergez avec le fromage et

mettez au four.

Faites cuire l'omelette jusqu'à ce qu'elle gonfle et soit brune autour des bords et qu'un couteau sort propre, environ 15 minutes.

Divisez la laitue et l'oignon rouge parmi des assiettes et aspergez avec l'huile restante. Coupez l'omelette en parts et servez avec la salade.

3. Valeurs Nutritives:
Protéines 29 g
Carbohydrates 23 g
Sucre 5 g
Fibres 4 g
Lipides 37 g
Lipides Saturés 12 g
Sodium 804 mg
Cholestérol 572 mg

Recette de dîner 6
Corned Beef et Chou cuits lentement

Si vous avez une grande famille, ce plat leur plaira à tous. Cette recette étonnante est un classique des Grand-mères Balkaniques.

1. Ingrédients:
4 branches de thym frais
1 petite cuillère de graines de cumin
1 pièce de 3 livres de corned beef
1 livre de carottes, coupés en moitiés sur la longueur
1/2 petit chou vert
1 livre de petites pommes de terre rouges
Moutarde

2. Préparation:
Combinez le thym, les graines de cumin, le bœuf (couper en moitié si nécessaire) avec le paquet d'épices, les carottes, le chou, les pommes de terre et ½ tasse d'eau dans une mijoteuse de 5-à 6 litres. Cuisiner, couvert, jusqu'à ce que le bœuf soit tendre, puis à feu doux pendant 7 à 8 heures ou à feu fort pendant 4 à 5 heures (ceci raccourcira le temps total de la recette).
Transférez le bœuf sur une planche à découper et découper finement.
Servez chaud avec les carottes, le chou, les pommes de terre et la moutarde, aspergez de feuilles de thym fraîches.

3. Valeurs Nutritives:
Calories 676

Lipides 39 g
Lipides Saturés 13 g
Cholestérol 197 mg
Sodium 2393 mg
Protéines 42 g
Carbohydrates 39
Sucre 11 g
Fibres 9 g
Fer 6 mg
Calcium 151 mg

Recette de dîner 7
Risotto de Crevettes

Le riz et les crevettes sont tout simplement délicieux ! Il y a plusieurs variations, mais celle-ci est la plus saine!

1. Ingrédients:
4 grandes cuillères (1/2 plaquette) de beurre non salé
1 petit bulbe de fenouil, découpé, plus 2 grandes cuillères de feuilles de fenouil, grossièrement découpées
1 petit oignon, découpé
2 tasses de riz
3/4 tasse de vin blanc sec
Sel Casher et poivre noir
8 tasses de bouillon de poulet pauvre en sel, réchauffés
1 livre de grandes crevettes décortiquées
1 1/2 once de fromage Parmesan

2. Préparation:
Faites fondre 2 grandes cuillères de beurre dans un grand pot ou dans un four Hollandais à feu moyen. Ajoutez le fenouil et l'oignon. Cuisiner jusqu'à ce que ce soit tendre, 8 à 12 minutes.
Ajoutez le riz et remuez jusqu'à bien mélanger. Ajoutez le vin, le ¾ d'une petite cuillère de sel et le ¼ d'une petite cuillère de poivre. Cuisiner jusqu'à ce que le vin soit évaporé, 1 à 2 minutes. Ajoutez 1 tasse du bouillon à la fois et faites bouillir, en remuant de temps en temps jusqu'à ce que le riz ne soit tendre, 20 à 25 minutes.
Ajoutez les crevettes et faites cuire jusqu'à ce que ce soit opaque, 4 minutes. Enlever du feu et mélanger avec le Parmesan et le reste de beurre, 2 grandes cuillères de

service de beurre.
Servez chaud recouvert des feuilles de fenouil.

3. Valeurs Nutritives:
Calories 440
Lipides 12 g
Lipides Saturés 7 g
Cholestérol 144 mg
Sodium 705 mg
Protéines 26 g
Carbohydrates 56 g
Sucre 2 g
Fibres 4 g
Fer 2 mg
Calcium 150 mg

Recette de dîner 8
Poulet léger avec fromage de Chèvre

Beaucoup de personnes n'aiment pas le goût du fromage de chèvre. Cette recette est pour eux – faites cette recette pour vos amis indécis et cela deviendra leur favori!

1. Ingrédients:
1 tasse d'Orzo
1/3 tasse plus 1 grande cuillère d'huile
1/4 tasse de feuilles persil plat haché
1/4 petite cuillère de piment rouge écrasé
2 onces de fromage de Chèvre
4 6-onces de poitrine de poulet sans os ni peau
Sel Casher et poivre noir

2. Préparation:
Faites cuire l'Orzo selon les directives du paquet.
En attendant, dans un petit bol, mélangez 1/3 de tasse d'huile d'olive, le persil et le piment rouge écrasé; incorporez le fromage de chèvre.
Relevez le poulet avec ½ cuillère de sel et ¼ de petite cuillère de poivre. Dans un grand poêlon, chauffez la grande cuillère restante d'huile sur feu moyen-fort. Travaillant en lots, faites cuire le poulet jusqu'à ce qu'il soit cuit, 2 à 3 minutes de chaque côté. Servez avec la vinaigrette d'Orzo et de fromage de chèvre.

3. Valeurs Nutritives:
Calories de Lipides 269
Lipides 30 g

Lipides Saturés 7 g
Cholestérol 105 mg
Sodium 400 mg
Protéines 44 g
Carbohydrates 36 g
Sucre 2 g
Fibres 2 g
Fer 3 mg
Calcium 73 mg

Recette de dîner 9
Lasagne à la courge

Il y a beaucoup de façons de préparer la courge, mais n'avez-vous jamais essayé des lasagnes ? Cette recette est votre chance de tomber amoureux de ce merveilleux légume.

1. Ingrédients:
2 paquets de 10- to 12-onces de purée de courge d'hiver décongelés
1/8 petite cuillère de muscade moulue
1 boîte de 32 onces de fromage Ricotta
1 paquet de 5 onces de jeunes épinards
Sel Casher et poivre noir
12 nouilles lasagnes
8 onces de fromage Mozzarella
Salade verte, pour servir

2. Préparation:
Dans un bol, mélangez la courge et la muscade. Dans un deuxième bol, mélangez le fromage Ricotta, les épinards, une ½ petite cuillère de sel et ¼ de petite cuillère de poivre.
Dans le fond d'une mijoteuse de 5 à 6 litres, posez une ½ tasse du mélange de courge. Mettez dessus 3 des nouilles de lasagnes, la moitié du mélange de courge restant, 3 nouilles de lasagnes et la moitié du mélange de ricotta; refaites cela, finissant avec le mélange de ricotta.
Aspergez avec le fromage Mozzarella. Cuisinez à feu doux, couvert, jusqu'à ce que les nouilles soient tendres, 3 à 4 heures. Servez avec la salade verte, si vous le désirez.

3. Valeurs Nutritives:
Calories 571
Lipides 29 g
Lipides Saturés 18 g
Cholestérol 107 mg
Sodium 564 mg
Protéines 32 g
Carbohydrates 47 g
Sucre 2 g
Fibres 6 g
Fer 3 mg
Calcium 543 mg

Recette de dîner 10
Chili double-bœuf

Bien que ceci puisse sembler que ce soit un plat masculin, c'est très tendre, mais toujours fort et plein de substances nutritives!

1. Ingrédients:
2 grandes cuillères d'huile d'olive
1 gros oignon blanc, découpé
4 gousses d'ail, émincées
Sel Casher et poivre noir
1 livre de bœuf haché
1 grande cuillère de poudre de Chili
1 à 3 petites cuillères de chipotles en sauce adobo
1 bouillon de bœuf de 12-onces
1 28 Onces de tomates pelées
1 15.5 Onces d'haricots rouges
Pain de Maïs, crème aigre, coriandre, et jalapeños confits, pour servir

2. Préparation:
Chauffez l'huile dans une grande casserole sur feu moyen à fort. Ajoutez l'oignon, l'ail et une ½ petite cuillère chacune de sel et de poivre. Cuisiner, en remuant souvent, jusqu'à ce que soit attendri, 6 à 8 minutes. Ajoutez le bœuf et cuisiner, le brisant avec une cuillère, jusqu'à ce que ce ne soit plus rose, 4 à 5 minutes. Ajoutez la poudre de Chili et les chipotles dans la casserole et cuisiner, en remuant, pendant 1 minute. Ajoutez le bouillon et cuisiner jusqu'à ce que ce soit réduit de moitié, 6 à 8 minutes. Ajoutez les tomates (avec leurs

jus), les haricots et ¼ de petite cuillère chacune de sel et de poivre. Faites bouillir, jusqu'à ce que ce soit épaissi, 20 à 25 minutes. Servez avec le pain de maïs, la crème aigre, la coriandre et les jalapeños confits.

3. Valeurs Nutritives:
Calories 431
Lipides 21 g
Lipides Saturés 6 g
Cholestérol 67 mg
Sodium 956 mg
Protéines 27 g
Carbohydrates 26 g
Sucre 9 g
Fibres 6 g
Fer 5 mg
Calcium 78 mg

Recette de dîner 11
Boulettes d'Agneau et Ragoût Suisse

Ajoutez une certaine saveur européenne à votre banquet avec cette recette de boulettes de viande étonnamment délicieuse. L'agneau est tendre et moite; il fondra dans votre bouche!

1. Ingrédients:

2 gros œufs, légèrement battus
2 gousses d'ail, finement émincés
3/4 tasse de chapelure de pain
1 petite cuillère de Paprika douce
3/4 petite cuillère de graines de cumin, écrasées
Sel Casher et poivre noir
1 livre d'Agneau haché
2 grandes cuillères d'huile d'olive
1 grande feuille de bette carde (environ 11 onces au total), branches coupées et feuilles tranchées
6 tasses de bouillon de poule pauvre en sel
1/2 tasse d'Orzo ou autre petites pâtes
Yaourt entier, pour servir

2. Préparation:

Mélangez les œufs, l'ail, la chapelure, le paprika, le cumin, 1 ¼ de petite cuillère de sel et ¼ une petite cuillère de poivre dans un bol moyen. Ajoutez l'agneau et mélangez doucement avec vos mains jusqu'à ce que ce soit bien mélangé. Formez 18 boulettes de viande avec le mélange (environ 2 grandes cuillères chacune).

Chauffez l'huile dans un grand pot à chaleur moyenne à forte. Faites cuire les boulettes de viande, en les remuant de temps en temps, jusqu'à ce que ce soit bien doré de partout, 4 à 6 minutes. Transférez dans une assiette; réservez le pot.

Ajoutez les tiges de bettes au pot réservé. Cuisinez, jusqu'à ce que ce soit craquant, 2 à 3 minutes. Ajoutez le bouillon de poulet et les boulettes de viande et porter à ébullition. Réduisez la chaleur et faites bouillir jusqu'à ce que les boulettes de viande soient cuites, 10 à 12 minutes. Ajoutez l'Orzo et faites bouillir jusqu'à ce que ce soit tendre, 8 à 11 minutes.

Juste avant de servir, incorporez les feuilles de bettes. Servez chaud recouvert de yaourt, si désiré.

3. Valeurs Nutritives:
Calories 365
Lipides 19 g
Lipides Saturés 6 g
Cholestérol 131 mg
Sodium 630 mg
Protéines 25 g
Carbohydrates 25 g
Sucre 3 g
Fibres 3 g
Fer 3 mg
Calcium 104 mg

Recette de dîner 12
Burger au bœuf et aux œufs

Cette recette est une alternative au burger classique. Une des favorites des enfants.

1. Ingrédients:
2 petites cuillères d'huile de Canola, plus un peu plus pour griller
1 1/4 livre d'épaule de bœuf haché
4 tranches de dinde, découpées
Sel Casher et poivre noir
4 Muffins Anglais, coupés au milieu
4 gros œufs
1 grosse tomate, tranchée

2. Préparation:
Mettez le gril à chaleur moyenne à forte. Une fois que c'est chaud, nettoyez la grille du gril avec une brosse. Huilez la grille de gril.
Mélangez doucement ensemble le bœuf, la dinde et ½ petite cuillère chacune de sel et de poivre avec vos mains dans un bol moyen jusqu'à ce que ce soit bien mélangé. Formez 4 petits pâtés avec le mélange de bœuf de ¾ de pouces d'épaisseur. Utilisez vos doigts pour faire un petit trou sur le dessus de chaque petit pâté (ceci empêchera d'éclater pendant la cuisson).

Grillez les burgers jusqu'à ce qu'un thermomètre instantané inséré dans le centre enregistre 140 ° F, pendant 4 minutes de chaque côté pour être à point. Grillez les muffins, le côté coupé en bas, jusqu'à ce que ce soit bien grillé, 10 à 20 secondes. Chauffez l'huile dans un grand poêlon antiadhésif sur la rôtissoire à feu moyen. Cassez les œufs dans le poêlon et les faire cuire, couvrir, pendant 2 à 3 minutes pour avoir des jaunes légèrement liquides. Assaisonnez avec ¼ de petite cuillère chacune de sel et de poivre.

Empilez la tomate, les hamburgers et les œufs entre les muffins.

Pour la sécurité maximale, le Ministère de l'Agriculture américain recommande : 165 ° F pour la volaille, 145 ° F pour le poisson et 160 ° F pour le bœuf haché, l'agneau et la dinde.

3. Valeurs Nutritives:
Calories 558
Lipides 31 g
Lipides Saturés 10 g
Cholestérol 302 mg
Sodium 940 mg
Protéines 40 g
Carbohydrates 28 g
Sucre 3 g
Fibres 2 g
Fer 6 mg
Calcium 226 mg

CHAPITRE 6: RECETTES DE DESSERTS RICHES EN PROTÉINES POUR LA CROISSANCE MUSCULAIRE

Recette de dessert 1
Raspberry muffin

Ce merveilleux muffin peut être fait avec n'importe quel fruit que vous pouvez trouver, mais les framboises sont quelque chose de spécial pour nous!

1. Ingrédients:
1 tasse d'avoine
1 petite cuillère de cannelle
1/2 petite cuillère de sel
1/2 petite cuillère de levure chimique
3/4 tasse de fromage de campagne écrémé
1 œuf
1/4 tasse de lait d'amandes
2/3 tasse de framboises
2-3 dattes

2. Préparation:
Préchauffez votre four à 350 F. Mélangez tous les ingrédients ensemble à part les framboises. Enlevez les noyaux des dattes avant de les mélanger.
Ajoutez les framboises et remuez et versez ensuite le mélange dans des tasses de muffin de silicium ou dans des pochettes de papier qui ont été légèrement pulvérisées. Enfournez et faire cuire pendant 30 à 35 minutes, ou

jusqu'à ce que ce soit légèrement doré. Si les sommets des muffins se fendent, ne craignez rien, ils reformeront quand ils seront refroidis.

3. Valeurs Nutritives:
Calories: 90
Protéines: 8g
Glucides: 10g
Lipides: 2g
Fibres: 1.5g

Recette de dessert 2
Gâteau à pâte mousse

Cette recette est un exemple parfait de comment quelque chose qui est utilisé pour faire des gâteaux peut être une simple friandise étonnante! Régalez-vous !

1. Ingrédients:
2 oz. (57 g) Yaourt Grec
1 petite cuillère de poudre de cacao non sucrée
0.5 tasse de lait d'Amandes
0.7 Oz. D'Avoine
Amandes & Baies

2. Préparation:
Bien mélanger le yaourt, la poudre de protéines, le cacao en poudre et le lait d'amande ensemble (si vous n'avez pas de mélangeur, ceci peut être fait à la main, mais exige un peu de travail avec un fouet)
Incorporez l'avoine. Couvrez et mettez dans le réfrigérateur pendant la nuit
Aspergez les amandes et les baies sur le gâteau de mousse avant de vous régaler.

3. Valeurs Nutritives:
Calories: 260
Lipides: 9
Carbohydrates: 28
Protéines: 25

Recette de dessert 3
Muffins de Bananes

Les bananes sont une grande source d'énergie. Ce muffin peut remplacer votre petit-déjeuner traditionnel, si vous aimez les injections sucrées le matin.

1. Ingrédients:
1 grande banane mûre
¾ tasse de blancs d'œufs
¾ tasse de farine de blé complet
½ tasse de Yaourt Grec entier
1 petite cuillère de bicarbonate de pâtissier
½ petite cuillère de cannelle
Optionnel: noix, morceaux de chocolat, etc...

2. Préparation:
Préchauffez le four à 350. Mettez tous les ingrédients dans un robot de cuisine et mixer jusqu'à un mélange lisse et onctueux.
Vaporisez un moule à muffins avec le vaporisateur anti-adhérent.
Versez de ⅓ tasse de pâte à frire dans chaque moule à muffins.
Cuisez pendant 11-13 minutes ou jusqu'à ce qu'un cure-dent sorte propre.

3. Valeurs Nutritives:
Total Lipides 4g
Saturated Lipides 1g
Cholestérol less than 5mg
Sodium 180mg

Potassium 220mg
Carbohydrates 11g
Dietary Fibres 2g
Sucres 3g
Protéines 8g

Recette de dessert 4
Boules de raisins secs à la cannelle

Les boules de raisins secs sont dures à avaler si vous ne savez pas les faire. Voici la bonne manière.

1. Ingrédients:
1 boîte d'amandes
1 boîte de raisins secs
1 petite cuillère de cannelle

2. Préparation:
Rincez les raisins secs et les amandes avec de l'eau. Mettez-les dans un robot de cuisine avec la cannelle. Quand ils sont suffisamment mélangés, formez des boules ou des formes de barres.

3. Valeurs Nutritives:
Calories: 220.3
Total Lipides: 12.1 g
Cholestérol: 0.0 mg
Sodium: 3.6 mg
Total Glucides: 26.7 g
Fibres Diététiques: 4.0 g
Protéines: 5.9 g

Recette de dessert 5
Crêpes fruitées au blanc d'œufs

Colorées et super faciles à faire, vous adorerez cette version festive des crêpes!

1. Ingrédients:
Crêpe
1 blanc d'œuf (ou un substitut d'œuf)
1 grande cuillère de lait
1 paquet de sucre ou édulcorant de votre choix, ou du miel

Garniture
1/2 tasse de fruits congelés
1 paquet de sucre ou édulcorant ou miel
Crêpe

2. Préparation:
Chauffez une petite poêle à frire sur feu moyen à fort. Bien mélanger le blanc d'œuf, l'édulcorant et le lait. Vaporisez la poêle avec le vaporisateur de beurre (ou autre chose pour la graisser). Versez le mélange d'œufs dans la poêle, laissez se solidifier un peu et pliez en deux (comme une omelette) et faites cuire jusqu'à ce que ce soit légèrement doré et non liquide.

Garniture de fruits :
Mixez les fruits et l'édulcorant. Mettez dans un four à micro-ondes pendant 1 minute pour en faire une sauce.

3. Valeurs Nutritives:

Calories: 66.9
Total Lipides: 0.4 g
Cholestérol: 0.3 mg
Sodium: 9.7 mg
Total Glucides: 12.0 g
Fibres Diététiques: 2.9 g
Protéines: 4.2 g

Recette de dessert 6
Crème de Beurre de cacahuètes au chocolat

Vos enfants vont adorer cette recette! Chocolat et beurre d'arachide font une excellente combinaison, surtout quand vous avez besoin d'un coup de pouce en Protéines.

Ingrédients:
2 Fudgsicle (Glace eskimo)
4 Grandes cuillères Crème fouettée froide
2 Grandes cuillères de beurre d'arachide

2. Préparation:
Faire fondre 2 pops Fudgsicle dans le micro-ondes. Ajouter 2 To de beurre d'arachide et mélanger jusqu'à consistance lisse. Mélanger avec les 4 grandes cuillères de crème fouettée froide. Mélanger jusqu'à consistance lisse. Mettre au congélateur pendant 15 minutes.

3. Valeurs Nutritives:
Calories: 139.9
Total Lipides: 9.4 g
Cholestérol: 0.0 mg
Sodium: 104.7 mg
Total Glucides: 12.6 g
Fibres Diététiques: 2.9 g
Protéines: 6.0 g

Recette de dessert 7
Mousse au Chocolat onctueuse

Le chocolat est souvent diffamé comme "engraissant", mais son ingrédient, le cacao, est une nourriture super nutritive, hypocalorique.

1. Ingrédients:
175g Yaourt Grec
10g crème épaisse fouettée
2g poudre de cacao
1/2 banane mûre ou édulcorant de votre choix
1 petite cuillère d'extrait de Vanille
Une pincée de sel de mer

2. Préparation:
Mélangez tout dans un mélangeur. Pour une texture moins soyeuse vous pouvez utiliser un fouet régulier. Cette recette peut être faite en 2 minutes.

3. Valeurs Nutritives:
Calories 250
Protéines 18g
Carbs 41g
Lipides 5g

Recette de dessert 8
Crêpes à la banane et au Sésame

Lorsqu'il s'agit de crêpes, on peut pratiquement utiliser tous les ingrédients. Ceci est une merveilleuse version avec de la banane et du Sésame.

1. Ingrédients:
Pour la pâte
1 banane mûre épluchée
1/2 tasse de lait écrémé
2 petites cuillères de Sucre
2 cuillères de farine de blé complet
2 cuillères de farine

Autres Ingrédients:
1 cuillère d'huile pour mouiller la poêle
4 cuillère de graines de Sésame

Pour servir :
4 cuillères de miel

2. Préparation:
Écrasez légèrement la banane et ajoutez-y le lait et le sucre. Mélanger dans un mixeur jusqu'à ce que ce soit lisse et onctueux. Transférez dans un bol et gardez de côté.
Ajoutez-y la farine de blé et la farine et fouettez bien jusqu'à ce que ce soit lisse et sans morceaux. Gardez de côté.
Chauffez une casserole anti-adhérente. Mouillez-la légèrement avec l'huile.

Versez 2 cuillères de la pâte à frire et étendez-la pour faire un pancake. Aspergez 1 petite cuillère de graines de Sésame dessus et faites cuire des deux côtés jusqu'à ce que ce soit cuit. Faites encore 3 pancakes avec la pâte à frire restante.
Servez chaud avec le miel.

3. Valeurs Nutritives:
Carbohydrates: 23 mg
Cholestérol: 0 mg
Calories: 144
Lipides: 4.2 mg
Fibres: 0.6 mg
Protéines: 3.2 mg

Recette de Dessert 9
Gaufres à la vanille

Votre recette classique préférée de gaufres avec une touche de vanille de bon goût. Plaira à tous et très facile à faire !

1. Ingrédients:
Pour 4 gaufres:
4 œufs
15 g d'huile de noix de coco
25 g de farine de noix de coco
20 g d'arrow-root
1 cuillère à café d'extrait de vanille
1/2 cuillère à café de poudre à pâte

2. Préparation :
Mélanger tous les ingrédients ensemble et faire cuire dans un gaufrier.

3. Valeurs Nutritives:
Calories: 128
Protéines: 7,1
Glucides: 5,3
Sucre: 0,5
Lipides: 8,7
Fibre: 2,5

Recette de Dessert 10
Muffins Lupin

Si ceci est la première fois que vous utilisez la farine de lupin, vous serez surpris de la différence ! Elle est très saine et elle a bon goût.

1. Ingrédients:
Pour 4 muffins:
1 banane (100 g de banane chair)
1 œuf
2 paquets de sucre vanillé (16 g) ou votre édulcorant préféré
25 g d'huile de noix de coco
45 g de farine de lupin
20 g arrow-root
1 c. levure
30 g de pépites de chocolat

2. Préparation :
Battre la banane, l'œuf et le sucre vanillé dans un mélangeur. Faire fondre l'huile de noix de coco et ajouter au mélange. Incorporer la farine de lupin, l'arrow-root, et la levure. Ajouter les pépites de chocolat à la main. Cuire au four à 200 degrés Celsius jusqu'à ce que le dessus des muffins semble ferme au regard.

3. Valeurs Nutritives :
Calories: 200
Protéines: 7,1
Glucides: 16,5
Sucre: 7,8

Lipides: 11,6
Fibre: 5.4

Recette de Dessert 11
Des brownies Etranges

Des brownies aigres et sucres ? Pourquoi pas! Ceci est étrange mais vos brownies préférés seront réellement délicieux !

1. Ingrédients:
1 (15 oz) de haricots noirs
3 œufs
1/3 tasse de beurre fondu, et un peu plus pour graisser la poêle de cuisson
1/4 tasse de poudre de cacao
1 pincée de sel
2 cuillères à café d'extrait de vanille pure
½ tasse de Sucre de canne
1/2 tasse pépites de chocolat semi-amères
Facultatif: 1/3 tasse de noix ou d'autres noix de votre choix

2. Préparation :
Préchauffer le four à 350 degrés. Beurrer un plat allant au four. Combinez les haricots noirs, les œufs, la poudre de cacao, le sel, l'extrait de vanille et le sucre dans un robot culinaire ou au mélangeur. Incorporer délicatement les pépites de chocolat (et les noix, si vous le désirez). Verser le mélange dans le moule graissé. Cuire au four pendant 30 à 35 minutes à 350 degrés jusqu'à ce que le centre soit cuit. Laisser refroidir avant de couper en carrés.

3. Valeurs Nutritives :
Calories: 160

Lipides: 9g
Cholestérol: 50mg
Sodium: 35mg
Glucides: 17g
Fibre: 2g
Protéines: 4g
Sucre: 12g

Recette de Dessert 12
Tartes au chocolat non cuites

Les Dates et le chocolat dans un dessert peuvent faire des merveilles! Ceci est un dessert classique mais délicieux!

1. Ingrédients:
1 tasse d'amandes crues
1 tasse de dattes dénoyautées
1/3 tasse de noix brutes
1/3 tasse de cacao ou de la poudre de cacao
1/8 c. sel
1 cuillère à soupe eau
2 Bananes congelées mûres mélangées avec 2 cuillères à soupe de cacao ou de la poudre de cacao, 1/4 c. d'extrait de vanille pure, et en option 2 c. beurre de noix de coco ou d'avocat.

2. Préparation :

Mélanger les noix, les dates, 1/3 tasse de cacao et le sel dans un robot de cuisine de haute qualité. Mixer jusqu'à ce que de fines miettes se forment. Ne pas ajouter plus de 2 cuillères à soupe d'eau pour obtenir une pâte légèrement collante, puis traiter à nouveau jusqu'à ce que le tout se rassemble en une grosse boule. Si la pate n'est pas encore collante, mixer tout simplement encore plus. Brisez les morceaux avec vos mains et remplissez de mini moules à muffins, en appuyant au milieu pour former une forme de coupelle, et bien mouler sur les bords. Congeler au moins 20 minutes ou jusqu'au moment de servir. Faites la crème juste avant de servir.

3. Valeurs Nutritives :
Calories: 84
Lipides: 5,5 g
Sodium: 20mg
Glucides: 8,7 g
Protéines: 2,7 g

Recette de Dessert 13
Yaourt aux Noix et aux Fruits

Ce yaourt savoureux peut remplacer votre petit déjeuner car il est rempli d'éléments excellents pour la santé. Littéralement, il vous tiendra au complet jusqu'au déjeuner!

1. Ingrédients:
3 c. noix mélangées hachées
1 cuillère à soupe de graines de tournesol
1 cuillère à soupe de graines de citrouille
1 banane tranchée
1-2 poignées de baies
200g yaourt à la vanille

2. Préparation :
Mélanger les noix, les graines de tournesol et les graines de citrouille. Mélangez la banane tranchée et les et baies. Mettre dans un bol avec du yaourt et dégustez ce bon dessert.

3. Valeurs Nutritives :
Calories: 69
Protéines: 28 g
Glucides: 53.g
Lipides: 41g
Fibre: 6g
Sucre: 45g

Recette de Dessert 14
Gâteau au citron

Ce Gâteau au citron estival est un gâteau d'anniversaire parfait, si vous voulez mon avis.

Ingrédients:
225g de beurre non salé, ramolli
225g de sucre brun
4 œufs
1 zeste de citron finement râpé
225g de farine autolevante
Garniture pour la bruine
Jus de citrons 1½
85g de sucre en poudre

2. Préparation :
Chauffer le four à 180 ° C. Battre ensemble 225g de beurre ramolli, et 225g de sucre en poudre jusqu'à ce que le beurre non salé soit pâle et crémeux, puis ajoutez 4 œufs, un à la fois, en mélangeant lentement le tout. Tamiser 225g de farine, puis ajouter le zeste finement râpé d'1 citron et mélanger jusqu'à consistance homogène. Tapisser un moule à cake de papier sulfurisé, puis verser le mélange dans le moule a l'aide d'une cuillère, et niveler le dessus.

Cuire au four pendant 45-50 minutes jusqu'à ce qu'une fine brochette insérée au centre du gâteau en ressorte propre. Pendant que le gâteau se refroidit dans son moule, mélanger le jus d'1 citron et 85g de sucre en poudre pour faire la bruine. Piquer le gâteau chaud partout avec une brochette ou une fourchette, puis verser la bruine dessus - le jus va couler et le sucre va former une belle garniture croustillante. Laissez-les dans le moule jusqu'à ce que le gâteau soit complètement refroidi, puis retirer et servir. Se conserve dans un récipient hermétique pendant 3-4 jours, ou congeler jusqu'à 1 mois.

3. Valeurs Nutritives :
Calories: 399
Protéines: 5g
Glucides: 50 g
Lipides: 21g
Fibre: 1g
Sucre: 33g
Sel: 0,3 g

Recette de Dessert 15
Des brownies décadents

Cela pourrait facilement être le substitut de votre gâteau de la St. Valentin. Ce sont des brownies décadents et absolument délicieux!

Ingrédients:
140g d'amandes en poudre
140g de beurre ramolli
140g de sucre
140g de farine autolevante
2 œufs
1 c. extrait de vanille
250g de framboises
2 c. amandes effilées
Sucre glace, pour servir

2. Préparation :
Chauffer le four à 180 ° C et graisser la base d'un moule à cake profond avec fond amovible de 20cm. Mixer la poudre d'amandes, le beurre, le sucre, la farine, les œufs et l'extrait de vanille dans un robot culinaire jusqu'à consistance homogène.
Étendre la moitié du mélange dans le moule à gâteau et lisser le dessus. Dispersez les framboises dessus, puis verser à grandes cuillerées le mélange de gâteau restant sur le dessus et étalez grossièrement. Vous pourriez trouver plus facile de le faire avec vos doigts. Parsemer d'amandes effilées et faites cuire pendant 50 minutes jusqu'à ce que ce soit bien doré. Refroidir, retirer du moule, et saupoudrez de sucre glace pour servir.

3. Valeurs Nutritives :
Calories: 411
Protéines: 8g
Glucides: 35g
Lipides: 28g
Fibre: 3g
Sucre: 21g
Sel: 0,5 g

CHAPITRE 7: RECETTES DE SHAKES RICHES EN PROTÉINES POUR UN DÉVELOPPEMENT RAPIDE DES MUSCLES

1. Shake à l'avoine et aux Amandes

Temps de préparation: 5 minutes
Portions: 3

1. Ingrédients:
Lait 220ml
1 cuillère à soupe d'amandes (rectifié) (15g)
1 cuillère à soupe d'avoine (15g)
Le sirop d'érable 1 cuillère à café (5g)
½ cuillère à café d'extrait de vanille (2-3g)
2 cuillères à soupe de yaourt grec (30 g)
30 g de protéines de lactosérum

2. Préparation:
Tous les ingrédients vont dans un mélangeur, puis mélangez jusqu'à avoir une consistance lisse.

3. Valeurs Nutritives: (quantité par 100ml / composition entière):
Contient du calcium, du fer;
Calories: 111
Calories provenant des matières grasses: 29
Lipides: 3,2 g
Lipides saturés : 0,7 g
Cholestérol: 21 mg
Sodium: 58mg

Potassium: 182 mg
Glucides: 9,3 g
Fibres alimentaires: 0,8 g
Sucre: 5,1 g
Protéines: 11,1 g
Calories: 333
Calories provenant des matières grasses: 86
Lipides: 9,5g
Lipides saturés : 2,1 g
Cholestérol: 64 mg
Sodium: 175 mg
Potassium: 547mg
Glucides: 27,9 g
Fibres alimentaires: 2,6 g
Sucre: 15,3 g
Protéines: 33.5g

2. Shake de Peppermint et Gruau

Temps de préparation: 5 minutes
Portions: 5

1. Ingrédients:
70g de farine d'avoine
30g de flocons de son
300 ml Lait
50g quark
½ cuillère à café d'extrait de menthe poivrée (3g)
30g de crème glacée (vanille / chocolat)
50 g de protéines de lactosérum (chocolat)

2. Préparation:
Mélanger tous les ingrédients dans un mélangeur jusqu'à ce que la consistance soit homogène.

3. Valeurs Nutritives: (quantité par 100ml / composition entière):
Contient de la vitamine A, du calcium, du fer.

Calories: 180
Calories provenant des matières grasses: 51
Lipides: 5,6 g
Lipides saturés : 2,9 g
Cholestérol: 30mg
Sodium: 111mg
Potassium: 179mg
Glucides: 20,7 g
Fibres alimentaires: 2,5 g
Sucre: 6,2 g

Protéines: 12,6 g
Calories: 900
Calories de graisse: 253
Lipides: 28,1 g
Lipides saturés: 14, 4 g
Cholestérol: 151 mg
Sodium: 555mg
Potassium: 869mg
Glucides: 104g
Fibres alimentaires: 12.4g
Sucre: 31.2g
Protéines: 63.2g

3. Shake a la Cannelle

Temps de préparation: 5 minutes
Portions: 3

1. Ingrédients:
Lait 240ml
¼ cuillère à soupe de cannelle (4g)
½ cuillère à café d'extrait de vanille (3g)
2 cuillères à soupe (30 g) glace à la vanille
2 cuillères à soupe d'avoine (30 g)
50 g de protéines de lactosérum

2. Préparation:
Mélanger tous les ingrédients dans un mélangeur jusqu'à ce que la consistance soit homogène.

3. Valeurs Nutritives: (quantité par 100g / composition entière):
Contient de la vitamine A, du calcium, du fer.

Calories: 131
Calories provenant des matières grasses: 30
Lipides: 3,3 g
Lipides saturés : 1,8 g
Cholestérol: 42 mg
Sodium: 73 mg
Potassium: 158 mg
Glucides: 10,3 g
Fibres alimentaires: 1g
Sucre: 4,8 g
Protéines: 15,3 g

Calories: 342
Calories provenant des matières grasses: 89
Lipides: 9,9 g
Lipides saturés : 5,4 g
Cholestérol: 127 mg
Sodium: 219mg
Potassium: 474mg
Glucides: 31g
Fibres alimentaires: 3,1 g
Sucre: 14,4 g
Protéines: 45.9g

4. Shake aux Amandes

Temps de préparation: 5 minutes
Portions: 5

1. Ingrédients:
Lait d'amande 220ml
120g de farine d'avoine
50 g de protéines de lactosérum
80g de raisins secs
20g d'amandes (moulu)
1 cuillère à soupe de beurre d'arachide (15g)

2. Préparation:
Mélanger tous les ingrédients dans un mélangeur jusqu'à ce que la consistance soit homogène.

3. Valeurs Nutritives: (quantité par 100g / composition entière):
Contient: vitamine C, fer, calcium.

Calories: 241
Calories provenant des matières grasses: 61
Lipides: 6,7 g
Lipides saturés : 1,6 g
Cholestérol: 24 mg
Sodium: 57 mg
Potassium: 339mg
Glucides: 33.8g
Fibres alimentaires: 3.7g
Sucre: 12.5g
Protéines: 13,9 g

Calories: 1207
Calories de graisse: 304
Total Lipides: 33.7g
Lipides saturés: 8g
Cholestérol: 122 mg
Sodium: 283 mg
Potassium: 1693mg
Glucides: 169g
Fibres alimentaires: 18,5 g
Sucre: 62.3g
Protéines: 69.4g

5. Shake à la Banane et aux amandes

Temps de préparation: 5 minutes
Portions: 5

1. Ingrédients:
2 bananes
Lait d'amande 230ml
20g d'amandes (moulu)
Pistaches 10g (moulu)
40 g de protéines de lactosérum

2. Préparation:
Mélanger tous les ingrédients dans un mélangeur jusqu'à ce que la consistance soit homogène.

3. Valeurs Nutritives: (quantité par 100g / composition entière):
Contient de la vitamine A, C, du fer, du calcium.

Calories: 241
Calories provenant des matières grasses: 61
Lipides: 6,7 g
Lipides saturés : 1,6 g
Cholestérol: 24 mg
Sodium: 57 mg
Potassium: 339mg
Glucides: 33.8g
Fibres alimentaires: 3.7g
Sucre: 12.5g
Protéines: 13,9 g
Calories: 1073

Calories de graisse: 659
Total Lipides: 73.2g
Lipides saturés: 52.1g
Cholestérol: 83 mg
Sodium: 109mg
Potassium: 1934mg
Glucides: 78.7g
Fibres alimentaires: 14,8 g
Sucre: 39.4g
Protéines: 42.8g

6. Shake de baies sauvages

Temps de préparation: 5 minutes
Portions: 7

1. Ingrédients:
30g de Fraises
30g de Bleuets
30g de Framboises
30g de Groseilles
500 ml de Lait
60 g de protéines de lactosérum
1 cuillère à café (5g) d'extrait de vanille
1 cuillère à café (5g) extrait de citron

2. Préparation:
Mélanger tous les ingrédients dans un mélangeur jusqu'à ce que la consistance soit homogène. Vous pouvez également ajouter quelques glaçons au mélange.

3. Valeurs Nutritives: (quantité par 100g / composition entière):
Contient de la vitamine A, C, du fer, du calcium.

Calories: 78
Calories provenant des matières grasses: 19
Lipides: 2,1 g
Lipides saturés : 1,2 g
Cholestérol: 24 mg
Sodium: 50mg
Potassium: 119 mg
Glucides: 6,7 g

Fibres alimentaires: 0,7 g
Sucre: 4,7 g
Protéines: 8,7 g
Calories: 549
Calories de graisse: 131
Lipides: 14,6 g
Lipides saturés: 8,1 g
Cholestérol: 167mg
Sodium: 351mg
Potassium: 832mg
Glucides: 46.9g
Fibres alimentaires: 4,6 g
Sucre: 33g
Protéines: 61g

7. Shake aux Fraises

Temps de préparation: 5 minutes
Portions: 5

1. Ingrédients:
30g de fraises
100g Yaourt grec
200ml de lait
40 g de protéines de lactosérum
2 œufs
20g édulcorant (miel / sucre brun)
Glaçons
Extrait de vanille 1 cuillère à café (5g)

2. Préparation:
Mélanger tous les ingrédients dans un mélangeur jusqu'à ce que la consistance soit homogène.
Le yaourt grec peut avoir différents arômes comme la vanille ou la fraise, ou tout simplement être un yaourt nature. Il s'accommode a toutes les saveurs.

3. Valeurs Nutritives: (quantité par 100g / composition entière):
Contient de la vitamine A, C, du fer, du calcium.

Calories: 96
Calories provenant des matières grasses: 32
Lipides: 3,5 g
Lipides saturés : 1,6 g
Cholestérol: 87 mg
Sodium: 65mg

Potassium: 131 mg
Glucides: 9,2 g
Fibres alimentaires: 2,5 g
Sucre: 3.4g
Protéines: 11,3 g

Calories: 508
Calories de graisse: 157
Lipides: 17,4 g
Lipides saturés: 8g
Cholestérol: 433mg
Sodium: 326mg
Potassium: 656mg
Glucides: 45.9g
Fibres alimentaires: 12.4g
Sucre: 17,2 g
Protéines: 56.6g

8. Shake de Fraise et Vanille

Temps de préparation: 5 minutes
Portions: 7

1. Ingrédients:
100g de fraises
1 banane
Extrait de vanille 1 cuillère à café (5g)
1 cuillère à soupe d'extrait de fraises (15g)
50g Avoine
200ml de lait
5 œufs
Glaçons

2. Préparation:
Mélanger tous les ingrédients dans un mélangeur jusqu'à ce que la consistance soit homogène.

3. Valeurs Nutritives: (quantité par 100g / composition entière):
Contient de la vitamine A, C, du fer, du calcium.
Calories: 112
Calories provenant des matières grasses: 39
Lipides: 4,3 g
Lipides saturés : 1,4 g
Cholestérol: 119 mg
Sodium: 59 mg
Potassium: 170 mg
Glucides: 11,7 g
Fibres alimentaires: 1,4 g
Sucre: 4,6 g

Protéines: 6,1 g

Calories: 782
Calories de graisse: 271
Lipides: 30,1 g
Lipides saturés: 10,1 g
Cholestérol: 835mg
Sodium: 421mg
Potassium: 1189mg
Glucides: 82g
Fibres alimentaires: 10,1 g
Sucre: 32,5 g
Protéines: 43 g

9. Shake de Fraises et Noix

Temps de préparation: 5 minutes
Portions: 4

1. Ingrédients:
50g de fraises
50g mélange de Noix (haché)
200ml de lait
100g de yaourt grec
2 cuillères à soupe d'avoine (30 g)

2. Préparation:
Mélanger tous les ingrédients dans un mélangeur jusqu'à ce que la consistance soit homogène.

3. Valeurs Nutritives: (quantité par 100g / composition entière):
Contient de la vitamine A, C, du fer, du calcium.

Calories: 140
Calories provenant des matières grasses: 81
Total Lipides: 9g
Lipides saturés : 1,4 g
Cholestérol: 1mg
Sodium: 80mg
Potassium: 125 mg
Glucides: 9,2 g
Fibres alimentaires: 1,4 g
Sucre: 4,3 g
Protéines: 6,9 g
Calories: 417

Calories de graisse: 324
Lipides: 36g
Lipides saturés : 5,4 g
Cholestérol: 5mg
Sodium: 321mg
Potassium: 499mg
Glucides: 36.9g
Fibres alimentaires: 5.5g
Sucre: 17,1 g
Protéines: 27,6 g

10. Shake de Framboises

Temps de préparation: 5 minutes
Portions: 4

1. Ingrédients:
50 g de protéines de lactosérum
100g de framboises
30g de fraises
50g de crème sure
200ml de lait
Extrait de citron vert 1 cuillère à café (5g)

2. Préparation:
Mélanger tous les ingrédients dans un mélangeur jusqu'à ce que la consistance soit homogène.

3. Valeurs Nutritives: (quantité par 100g / composition entière):
Contient de la vitamine A, C, B-12, le fer, le calcium.

Calories: 116
Calories provenant des matières grasses: 41
Lipides: 4,6 g
Lipides saturés : 2,6 g
Cholestérol: 36 mg
Sodium: 54mg
Potassium: 168 mg
Glucides: 8,1 g
Fibres alimentaires: 1,8 g
Sucre: 4,2 g
Protéines: 11,4 g

Calories: 465
Calories de graisse: 166
Lipides: 18,4 g
Lipides saturés: 10, 6 g
Cholestérol: 143 mg
Sodium: 214 mg
Potassium: 670mg
Glucides: 32,5 g
Fibres alimentaires: 7,1 g
Sucre: 16, 8 g
Protéines: 45, 5 g

11. Shake de Myrtilles

Temps de préparation: 5 minutes
Portions: 6

1. Ingrédients:
250g de Myrtilles
50g de crème sure
80g Avoine 80g
100 ml Lait de coco
160g de purée de citrouille
Cannelle, muscade pour saupoudrer sur le dessus

2. Préparation:
Mélanger tous les ingrédients dans un mélangeur jusqu'à ce que la consistance soit homogène.

3. Valeurs Nutritives: (quantité par 100g / composition entière):
Contient de la vitamine A, C, du fer, du calcium.

Calories: 140
Calories provenant des matières grasses: 62
Lipides: 6,9 g
Lipides saturés : 4,8 g
Cholestérol: 4mg
Sodium: 9 mg
Potassium: 192 mg
Glucides: 18,5 g
Fibres alimentaires: 3.5g
Sucre: 5,7 g
Protéines: 3 g

Calories: 641
Calories de graisse: 371
Total Lipides: 41.2g
Lipides saturés: 29.1g
Cholestérol: 22 mg
Sodium: 56mg
Potassium: 1150mg
Glucides: 112g
Fibres alimentaires: 21g
Sucre: 34.4g
Protéines: 18.1g

12. Shake au Beurre de Cacahuètes

Temps de préparation: 5 minutes
Portions: 6

1. Ingrédients:
Lait d'amande 300ml
50g de beurre d'arachide
Noix de mélange 50g
6 blancs d'œufs
Extrait de beurre 1 cuillère à café (5g)

2. Préparation:
Mélanger tous les ingrédients dans un mélangeur jusqu'à ce que la consistance soit homogène.

3. Valeurs Nutritives: (quantité par 100g / composition entière):
Contient de la vitamine C, du fer, du calcium.

Calories: 236
Calories de graisse: 191
Lipides: 21,3 g
Lipides saturés: 12, 2 g
Cholestérol: 0 mg
Sodium: 109mg
Potassium: 241mg
Glucides: 6,2 g
Fibres alimentaires: 2g
Sucre: 3,1 g
Protéines: 8,3 g
Calories: 1415

Calories de graisse: 1148
Total Lipides: 127.6g
Lipides saturés: 73.1g
Cholestérol: 0 mg
Sodium: 656mg
Potassium: 1448mg
Glucides: 37.2g
Fibres alimentaires: 11,9 g
Sucre: 18,5 g
Protéines: 50.2g

13. Shake au beurre d'Arachide et a la Banane

Temps de préparation: 5 minutes
Portions: 7

1. Ingrédients:
Lait d'amande 250ml
2 bananes
30g de beurre d'arachide
5 œufs
2 cuillères à café de miel (10g)
Extrait de vanille 1 cuillère à café (5g)

2. Préparation:
Mélanger tous les ingrédients dans un mélangeur jusqu'à ce que la consistance soit homogène.

3. Valeurs Nutritives: (quantité par 100g / composition entière):
Contient de la vitamine A, C, du fer, du calcium.
Calories: 191
Calories de graisse: 126
Lipides: 14g
Lipides saturés: 9, 1 g
Cholestérol: 117 mg
Sodium: 70mg
Potassium: 288mg
Glucides: 12,5 g
Fibres alimentaires: 1,9 g
Sucre: 7,7 g
Protéines: 6,2 g

Calories: 1339
Calories de graisse: 884
Total Lipides: 98.2g
Lipides saturés: 63.9g
Cholestérol: 818mg
Sodium: 487mg
Potassium: 2015mg
Glucides: 87.6g
Fibres alimentaires: 13.5g
Sucre: 53.9g
Protéines: 43.6g

14. Shake au beurre de Cacahuètes et au Chocolat

Temps de préparation: 5 minutes
Portions: 3

1. Ingrédients:
2 cuillères à soupe (30 g) de Poudre de cacao
30g de beurre d'arachide
250ml Lait d'amande
50 g de protéines de lactosérum

2. Préparation:
Mélanger tous les ingrédients dans un mélangeur jusqu'à ce que la consistance soit homogène.

3. Valeurs Nutritives: (quantité par 100g / composition entière):
Contient de la vitamine C, du fer, du calcium.

Calories: 326
Calories de graisse: 240
Total Lipides: 26.6g
Lipides saturés: 19, 7 g
Cholestérol: 35mg
Sodium: 89 mg
Potassium: 472mg
Glucides: 10,6 g
Fibres alimentaires: 3.5g
Sucre: 4,3 g
Protéines: 17g

Calories: 977
Calories de graisse: 719
Total Lipides: 79.9g
Lipides saturés: 59.1g
Cholestérol: 104 mg
Sodium: 267 mg
Potassium: 1415mg
Glucides: 31.8g
Fibres alimentaires: 10,6 g
Sucre: 13g
Protéines: 51 g

15. Shake au Chocolat

Temps de préparation: 5 minutes
Portions: 6

1. Ingrédients:
3 cuillères à soupe (45 g) de Poudre de cacao
250ml Lait
120ml de purée de citrouille
Extrait de vanille 1 cuillère à café (5g)
5 œufs

2. Préparation:
Mélanger tous les ingrédients dans un mélangeur jusqu'à ce que la consistance soit homogène.

3. Valeurs Nutritives: (quantité par 100g / composition entière):
Contient de la vitamine A, C, du fer, du calcium

Calories: 89
Calories provenant des matières grasses: 44
Lipides: 4,9 g
Lipides saturés : 1,9 g
Cholestérol: 140mg
Sodium: 73 mg
Potassium: 185 mg
Glucides: 5,6 g
Fibres alimentaires: 1,4 g
Sucre: 3g
Protéines: 6,7 g
Calories: 534

Calories de graisse: 267
Lipides: 29,6 g
Lipides saturés: 11.4g
Cholestérol: 840 mg
Sodium: 439mg
Potassium: 1112mg
Glucides: 33.8g
Fibres alimentaires: 8,4 g
Sucre: 18,2 g
Protéines: 40.4g

16. Chocolat & Amandes

Temps de préparation: 5 minutes
Portions: 5

1. Ingrédients:
2 cuillères à soupe de crème au chocolat (30 g)
50g d'amandes (hachées)
300ml de Lait
40 g de protéines de lactosérum
1 cuillère à café (5g) de Sirop d'amaretto

2. Préparation:
Mélanger tous les ingrédients dans un mélangeur jusqu'à ce que la consistance soit homogène.

3. Valeurs Nutritives: (quantité par 100g / composition entière):
Contient de la vitamine A, du fer, du calcium.

Calories: 131
Calories provenant des matières grasses: 61
Lipides: 6,8 g
Lipides saturés : 1,4 g
Cholestérol: 22 mg
Sodium: 70mg
Potassium: 154 mg
Glucides: 9g
Fibres alimentaires: 1,3 g
Sucre: 3.5g
Protéines: 9,9 g
Calories: 656

Calories de graisse: 303
Total Lipides: 33.7g
Lipides saturés: 6, 9 g
Cholestérol: 109mg
Sodium: 351mg
Potassium: 770 mg
Glucides: 45.2g
Fibres alimentaires: 6,5 g
Sucre: 17,2 g
Protéines: 49.3g

17. Shake au Caramel et Noisettes

Temps de préparation: 5 minutes
Portions: 4

1. Ingrédients:
50g Noisettes (hachées)
1 cuillère à café (5g) de Sirop de caramel
1 cuillère à café (5g) de sirop d'érable
250ml de Lait d'amandes
50 g de protéines de lactosérum

2. Préparation:
Mélanger tous les ingrédients dans un mélangeur jusqu'à ce que la consistance soit homogène.

3. Valeurs Nutritives: (quantité par 100g / composition entière):
Contient de la vitamine C, du fer, du calcium.

Calories: 307
Calories de graisse: 211
Lipides: 23,4 g
Lipides saturés: 14.3g
Cholestérol: 26 mg
Sodium: 37 mg
Potassium: 326mg
Glucides: 15,5 g
Fibres alimentaires: 2,6 g
Sucre: 11g
Protéines: 12,2 g
Calories: 1228

Calories de graisse: 844
Total Lipides: 93.8g
Lipides saturés: 57.3g
Cholestérol: 104 mg
Sodium: 148 mg
Potassium: 1303mg
Glucides: 61.8g
Fibres alimentaires: 10,4 g
Sucre: 44.1g
Protéines: 49g

18. Shake aux Prunes

Temps de préparation: 5 minutes
Portions: 8

1. Ingrédients:
200g de prunes
50g de raisins
200ml de lait
4 œufs
100g de caillé aigre
70g d'Avoine

2. Préparation:
Mélanger tous les ingrédients dans un mélangeur jusqu'à ce que la consistance soit homogène.

3. Valeurs Nutritives: (quantité par 100g / composition entière):
Contient de la vitamine A, C, du fer, du calcium.

Calories: 122
Calories provenant des matières grasses: 43
Lipides: 4,7 g
Lipides saturés : 1,8 g
Cholestérol: 87 mg
Sodium: 62 mg
Potassium: 149 mg
Glucides: 14,7 g
Fibres alimentaires: 1,3 g
Sucre: 7,2 g
Protéines: 6,2 g

Calories: 975
Calories de graisse: 340
Total Lipides: 37.8g
Lipides saturés: 14.3g
Cholestérol: 699mg
Sodium: 499mg
Potassium: 1190mg
Glucides: 117g
Fibres alimentaires: 10,7 g
Sucre: 57.7g
Protéines: 49.7g

19. Shake Tropical

Temps de préparation: 5 minutes
Portions: 5

1. Ingrédients:
1 banane
150g d'ananas
40g de mangue
Lait de coco 200ml
1 cuillère à café de miel (5g)
50 g de protéines de lactosérum

2. Préparation:
Mélanger tous les ingrédients dans un mélangeur jusqu'à ce que la consistance soit homogène.

3. Valeurs Nutritives: (quantité par 100g / composition entière):
Contient de la vitamine A, C, du fer, du calcium.

Calories: 178
Calories provenant des matières grasses: 94
Lipides: 10,4 g
Lipides saturés : 8,9 g
Cholestérol: 21 mg
Sodium: 25mg
Potassium: 294mg
Glucides: 15,3 g
Fibres alimentaires: 2,1 g
Sucre: 9,9 g
Protéines: 8,5 g

Calories: 889
Calories de graisse: 468
Lipides: 52g
Lipides saturés: 44.6g
Cholestérol: 104 mg
Sodium: 124 mg
Potassium: 1468mg
Glucides: 76.4g
Fibres alimentaires: 10,3 g
Sucre: 49.2g
Protéines: 42.7g

20. Shake aux Pêches

Temps de préparation: 5 minutes
Portions: 8

1. Ingrédients:
6 pêches
300ml de Lait
140g de mandarines
30g d'Avoine
4 œufs

2. Préparation:
Mélanger tous les ingrédients dans un mélangeur jusqu'à ce que la consistance soit homogène.

3. Valeurs Nutritives: (quantité par 100g / composition entière):
Contient de la vitamine A, C, du fer, du calcium.

Calories: 70
Calories provenant des matières grasses: 20
Lipides: 2,3 g
Lipides saturés : 0,3 g
Cholestérol: 57 mg
Sodium: 34mg
Potassium: 137 mg
Glucides: 9,5 g
Fibres alimentaires: 1g
Sucre: 7,2 g
Protéines: 3,5 g
Calories: 839

Calories de graisse: 245
Total Lipides: 27.3g
Lipides saturés: 9, 7 g
Cholestérol: 680 mg
Sodium: 405mg
Potassium: 1639mg
Glucides: 115g
Fibres alimentaires: 12.4g
Sucre: 86.2g
Protéines: 41.6g

21. Shake de Prunes et Citron

Temps de préparation: 5 minutes
Portions: 6

1. Ingrédients:
150g de prunes
2 citrons (jus)
2 cuillères à café de miel (10g)
200ml de lait
Glaçons
150g Yaourt grec
4 œufs

2. Préparation:
Mélanger tous les ingrédients dans un mélangeur jusqu'à ce que la consistance soit homogène.

3. Valeurs Nutritives: (quantité par 100g / composition entière):
Contient de la vitamine A, C, du fer, du calcium.

Calories: 74
Calories provenant des matières grasses: 29
Lipides: 3,2 g
Lipides saturés : 1,3 g
Cholestérol: 85 mg
Sodium: 50mg
Potassium: 111mg
Glucides: 6,4 g
Fibres alimentaires: 0,6 g
Sucre: 5,1 g

Protéines: 5,8 g
Calories: 589
Calories de graisse: 228
Total Lipides: 25.3g
Lipides saturés: 10,3 g
Cholestérol: 679mg
Sodium: 397mg
Potassium: 890 mg
Glucides: 51.2g
Fibres alimentaires: 4,6 g
Sucre: 40.9g
Protéines: 45.9g

22. Shake à l'ananas

Temps de préparation: 5 minutes
Portions: 6

1. Ingrédients:
300g d'ananas
Lait d'amande 200ml
30g de Framboises
30g d'Avoine
1 Citron (jus)
40 g de protéines de lactosérum

2. Préparation:
Mélanger tous les ingrédients dans un mélangeur jusqu'à ce que la consistance soit homogène.

3. Valeurs Nutritives: (quantité par 100g / composition entière):
Contient de la vitamine A, C, du fer, du calcium.

Calories: 153
Calories provenant des matières grasses: 80
Lipides: 8,9 g
Lipides saturés : 7,4 g
Cholestérol: 14mg
Sodium: 18mg
Potassium: 218 mg
Glucides: 14,4 g
Fibres alimentaires: 2,6 g
Sucre: 6,7 g
Protéines: 6,6 g

Calories: 920
Calories de graisse: 481
Total Lipides: 53.4g
Lipides saturés: 44.5g
Cholestérol: 83 mg
Sodium: 109mg
Potassium: 1309mg
Glucides: 86.3g
Fibres alimentaires: 15.5g
Sucre: 40.3g
Protéines: 39.6g

23. Shake à l'orange

Temps de préparation: 5 minutes
Portions: 8

1. Ingrédients:
5 oranges
10 œufs
2 cuillères à soupe de miel

2. Préparation:
Mélanger tous les ingrédients dans un mélangeur jusqu'à ce que la consistance soit homogène.

3. Valeurs Nutritives: (quantité par 100g / composition entière):
Contient de la vitamine A, C, du fer, du calcium.

Calories: 85
Calories provenant des matières grasses: 29
Lipides: 3,2 g
Lipides saturés : 1 g
Cholestérol: 117 mg
Sodium: 44 mg
Potassium: 163 mg
Glucides: 10,4 g
Fibres alimentaires: 1,6 g
Sucre: 8,8 g
Protéines: 4,6 g
Calories: 1189
Calories de graisse: 404
Lipides: 44,8 g

Lipides saturés: 13,8 g
Cholestérol: 1637mg
Sodium: 618mg
Potassium: 2277mg
Glucides: 146g
Fibres alimentaires: 22.2g
Sucre: 123.9g
Protéines: 64.1g

24. Shake Piña Colada

Temps de préparation: 5 minutes
Portions: 8

1. Ingrédients:
200g d'ananas
200g de lait de coco
50g d'Avoine
300ml de Lait
4 œufs

2. Préparation:
Mélanger tous les ingrédients dans un mélangeur jusqu'à ce que la consistance soit homogène.

3. Valeurs Nutritives: (quantité par 100g / composition entière):
Contient de la vitamine A, C, du fer, du calcium.

Calories: 128
Calories provenant des matières grasses: 75
Lipides: 8,3 g
Lipides saturés : 5,8 g
Cholestérol: 76 mg
Sodium: 48mg
Potassium: 149 mg
Glucides: 9,8 g
Fibres alimentaires: 1,1 g
Sucre: 4,7 g
Protéines: 4,9 g
Calories: 1155

Calories de graisse: 675
Lipides: 75g
Lipides saturés: 52.1g
Cholestérol: 680 mg
Sodium: 428 mg
Potassium: 1339mg
Glucides: 87.8g
Fibres alimentaires: 12,2 g
Sucre: 42.2g
Protéines: 44.5g

25. Shake de Pommes

Temps de préparation: 5 minutes
Portions: 3

1. Ingrédients:
350g de pomme
1 cuillère à café de cannelle
200ml de Lait d'amandes
2 cuillères à café d'extrait de vanille
40 g de protéines de lactosérum

2. Préparation:
Mélanger tous les ingrédients dans un mélangeur jusqu'à ce que la consistance soit homogène.

3. Valeurs Nutritives: (quantité par 100g / composition entière):
Contient de la vitamine C, du fer, du calcium.
 Calories: 139
Calories provenant des matières grasses: 77
Lipides: 8,6 g
Lipides saturés : 7,4 g
Cholestérol: 14mg
Sodium: 18mg
Potassium: 193mg
Glucides: 11,2 g
Fibres alimentaires: 2,3 g
Sucre: 7,6 g
Protéines: 5,7 g
Calories: 833
Calories de graisse: 463

Total Lipides: 51.4g
Lipides saturés: 44.1g
Cholestérol: 83 mg
Sodium: 106 mg
Potassium: 1157mg
Glucides: 67.3g
Fibres alimentaires: 14,2 g
Sucre: 45,5 g
Protéines: 34.3g

26. Shake aux œufs

Temps de préparation: 5 minutes
Portions: 8

1. Ingrédients:
10 œufs
300 ml de Lait
100g Yaourt grec
2 cuillères à soupe de miel (30 g)
50g Avoine

2. Préparation:
Mélanger tous les ingrédients dans un mélangeur jusqu'à ce que la consistance soit homogène.

3. Valeurs Nutritives: (quantité par 100g / composition entière):
Contient de la vitamine A, du fer, du calcium.

Calories: 131
Calories provenant des matières grasses: 55
Lipides: 6,1 g
Lipides saturés : 2,2 g
Cholestérol: 185 mg
Sodium: 89 mg
Potassium: 123 mg
Glucides: 10,1 g
Fibres alimentaires: 0,6 g
Sucre: 6,3 g
Protéines: 9,1 g
Calories: 1176

Calories de graisse: 498
Total Lipides: 55.3g
Lipides saturés: 19.5g
Cholestérol: 1667mg
Sodium: 799mg
Potassium: 1111mg
Glucides: 91.1g
Fibres alimentaires: 5,1 g
Sucre: 56.3g
Protéines: 82,2 g

27. Shake a la citrouille

Temps de préparation: 5 minutes
Portions: 6

1. Ingrédients:
300g de potiron
300g de framboises
50g de crème sure
200ml Lait d'amande
40 g de protéines de lactosérum

2. Préparation:
Mélanger tous les ingrédients dans un mélangeur jusqu'à ce que la consistance soit homogène.

3. Valeurs Nutritives: (quantité par 100g / composition entière):
Contient de la vitamine A, C, du fer, du calcium.
Calories: 123
Calories provenant des matières grasses: 72
Total Lipides: 8g
Lipides saturés: 6,4 g
Cholestérol: 13 mg
Sodium: 18mg
Potassium: 238mg
Glucides: 9,8 g
Fibres alimentaires: 4,1 g
Sucre: 3,9 g
Protéines: 5,2 g
Calories: 986
Calories de graisse: 576

Lipides: 64g
Lipides saturés : 51.1g
Cholestérol: 105mg
Sodium: 146 mg
Potassium: 1903mg
Glucides: 78.2g
Fibres alimentaires: 32.7g
Sucre: 31.2g
Protéines: 41,7 g

28. Shake de Betteraves

Temps de préparation: 5 minutes
Portions: 6

1. Ingrédients:
300g de betteraves
50g de persil
80g de Bleuets
200ml de lait
60 g de protéines de lactosérum

2. Préparation:
Mélanger tous les ingrédients dans un mélangeur jusqu'à ce que la consistance soit homogène.

3. Valeurs Nutritives: (quantité par 100g / composition entière):
Contient de la vitamine A, C, du fer, du calcium.

Calories: 89
Calories provenant des matières grasses: 14
Lipides: 1,5 g
Lipides saturés : 0,7 g
Cholestérol: 24 mg
Sodium: 77 mg
Potassium: 285mg
Glucides: 10,3 g
Fibres alimentaires: 1,6 g
Sucre: 7,2 g
Protéines: 9,5 g
Calories: 531

Calories provenant des matières grasses: 81
Total Lipides: 9g
Lipides saturés: 4,5 g
Cholestérol: 142 mg
Sodium: 464mg
Potassium: 1711mg
Glucides: 61.9g
Fibres alimentaires: 9,6 g
Sucre: 43.3g
Protéines: 56.8g

29. Shake a la Coco

Temps de préparation: 5 minutes
Portions: 5

1. Ingrédients:
200ml Lait de coco
100g Yaourt grec
50 g de protéines de lactosérum
1 cuillère à café d'extrait de noix de coco
30g de flocons de noix de coco

2. Préparation:
Mélanger tous les ingrédients dans un mélangeur jusqu'à ce que la consistance soit homogène.

3. Valeurs Nutritives: (quantité par 100g / composition entière):
Contient de la vitamine A, C, du fer, du calcium.

Calories: 145
Calories provenant des matières grasses: 78
Lipides: 8,7 g
Lipides saturés : 7,2 g
Cholestérol: 25mg
Sodium: 48mg
Potassium: 184mg
Glucides: 6,2 g
Fibres alimentaires: 1g
Sucre: 4,1 g
Protéines: 11,1 g
Calories: 723

Calories de graisse: 391
Lipides: 43,4 g
Lipides saturés: 35.9g
Cholestérol: 126mg
Sodium: 241mg
Potassium: 922mg
Glucides: 30,8 g
Fibres alimentaires: 4,9 g
Sucre: 20,6 g
Protéines: 55.8g

30. Shake à la Mangue.

Temps de préparation: 5 minutes
Portions: 8

1. Ingrédients:
3 mangues
1 banane
50g de fraises
Lait 300ml
1 jus de citron vert
6 œufs

2. Préparation:
Mélanger tous les ingrédients dans un mélangeur jusqu'à ce que la consistance soit homogène.

3. Valeurs Nutritives: (quantité par 100g / composition entière):
Contient de la vitamine A, C, du fer, du calcium.

Calories: 87
Calories provenant des matières grasses: 31
Lipides: 3,4 g
Lipides saturés : 1,2 g
Cholestérol: 101mg
Sodium: 52mg
Potassium: 155 mg
Glucides: 10,3 g
Fibres alimentaires: 1g
Sucre: 7,8 g
Protéines: 4,7 g

Calories: 874
Calories de graisse: 306
Lipides: 34g
Lipides saturés: 12.3g
Cholestérol: 1007mg
Sodium: 524mg
Potassium: 1549mg
Glucides: 103g
Fibres alimentaires: 9,7 g
Sucre: 78.5g
Protéines: 46.7g

31. Shake de Pastèques

Temps de préparation: 5 minutes
Portions: 6

1. Ingrédients:
300g de pastèque
200g cantaloup
200 ml d'eau
1 cuillère à café d'extrait de vanille
50g de crème sure
50 g de protéines de lactosérum

2. Préparation:
Mélanger tous les ingrédients dans un mélangeur jusqu'à ce que la consistance soit homogène.

3. Valeurs Nutritives: (quantité par 100g / composition entière):
Contient de la vitamine A, C, du fer, du calcium.
Calories: 59
Calories provenant des matières grasses: 16
Lipides: 1,8 g
Lipides saturés : 1 g
Cholestérol: 16mg
Sodium: 20mg
Potassium: 154 mg
Glucides: 5,9 g
Fibres alimentaires: 0g
Sucre: 4,5 g
Protéines: 5,1 g

Calories: 471
Calories de graisse: 128
Lipides: 14,2 g
Lipides saturés: 8, 3 g
Cholestérol: 126mg
Sodium: 158 mg
Potassium: 1230mg
Glucides: 47.5g
Fibres alimentaires: 3g
Sucre: 36.2g
Protéines: 40,7 g

32. Shake de Yaourt Grec

Temps de préparation: 5 minutes
Portions: 6

1. Ingrédients:
300g Yaourt grec
100g de lait de coco
2 cuillères à soupe de miel (30 g)
40g de raisin
Lait d'amande 200ml

2. Préparation:
Mélanger tous les ingrédients dans un mélangeur jusqu'à ce que la consistance soit homogène.

3. Valeurs Nutritives: (quantité par 100g / composition entière):
Contient de la vitamine A, C, du fer, du calcium.

Calories: 167
Calories de graisse: 101
Lipides: 11,2 g
Lipides saturés: 9,8 g
Cholestérol: 2mg
Sodium: 21mg
Potassium: 220 mg
Glucides: 13,6 g
Fibres alimentaires: 1,2 g
Sucre: 11.5g
Protéines: 5,5 g
Calories: 1169

Calories de graisse: 706
Total Lipides: 78.4g
Lipides saturés: 68.5g
Cholestérol: 15mg
Sodium: 149 mg
Potassium: 1541mg
Glucides: 95.1g
Fibres alimentaires: 8,2 g
Sucre: 80.3g
Protéines: 38.3g

33. Shake de Café et Bananes

Temps de préparation: 5 minutes
Portions: 6

1. Ingrédients:
25 g de café (moulu)
2 bananes
150ml de Lait d'amandes
20g de beurre d'arachide
100 ml d'eau
5 œufs

2. Préparation:
Mélanger tous les ingrédients dans un mélangeur jusqu'à ce que la consistance soit homogène.

3. Valeurs Nutritives: (quantité par 100g / composition entière):
Contient de la vitamine A, C, du fer, du calcium.

Calories: 142
Calories provenant des matières grasses: 89
Lipides: 9,9 g
Lipides saturés : 5,9 g
Cholestérol: 117 mg
Sodium: 61 mg
Potassium: 240 mg
Glucides: 9,7 g
Fibres alimentaires: 1,5 g
Sucre: 5,4 g
Protéines: 5,5 g

Calories: 992
Calories de graisse: 621
Lipides: 69g
Lipides saturés: 41.4g
Cholestérol: 818mg
Sodium: 429mg
Potassium: 1683mg
Glucides: 68 g
Fibres alimentaires: 10,7 g
Sucre: 37,5 g
Protéines: 38.8g

34. Shake aux Epinards

Temps de préparation: 5 minutes
Portions: 7

1. Ingrédients:
200g d'épinards
50g de persil
Framboises 70g
200ml de lait
100 ml d'eau
50g de crème sure
50 g de protéines de lactosérum

2. Préparation:
Mélanger tous les ingrédients dans un mélangeur jusqu'à ce que la consistance soit homogène.

3. Valeurs Nutritives: (quantité par 100g / composition entière):
Contient de la vitamine A, C, du fer, du calcium.

Calories: 72
Calories provenant des matières grasses: 25
Lipides: 2,8 g
Lipides saturés : 1,5 g
Cholestérol: 20mg
Sodium: 58mg
Potassium: 282mg
Glucides: 5,3 g
Fibres alimentaires: 1,5 g
Sucre: 2,2 g

Protéines: 7,4 g
Calories: 504
Calories de graisse: 174
Lipides: 19,3 g
Lipides saturés: 10,8 g
Cholestérol: 143 mg
Sodium: 403 mg
Potassium: 1973mg
Glucides: 37g
Fibres alimentaires: 10,6 g
Sucre: 15,2 g
Protéines: 52.1g

35. Shake de Chia

Temps de préparation: 5 minutes
Portions: 5

1. Ingrédients:
Les graines de chia 100g
Lait d'amande 200ml
50 crème sure
50g de persil
100 ml d'eau
40 g de protéines de lactosérum

2. Préparation:
Mélanger tous les ingrédients dans un mélangeur jusqu'à ce que la consistance soit homogène.

3. Valeurs Nutritives: (quantité par 100g / composition entière):
Contient de la vitamine A, C, du fer, du calcium.

Calories: 174
Calories de graisse: 123
Lipides: 13,7 g
Lipides saturés: 10g
Cholestérol: 20mg
Sodium: 30mg
Potassium: 260 mg
Glucides: 6,2 g
Fibres alimentaires: 3,3 g
Sucre: 1,7 g
Protéines: 8,4 g

Calories: 872
Calories de graisse: 615
Total Lipides: 68.3g
Lipides saturés: 50.1g
Cholestérol: 99mg
Sodium: 152 mg
Potassium: 1300mg
Glucides: 31.2g
Fibres alimentaires: 16.5g
Sucre: 8,5 g
Protéines: 42.1g

36. Shake de Papaye

Temps de préparation: 5 minutes
Portions: 6

1. Ingrédients:
3 Fruits de Papaye
50g d'Avoine
300ml de Lait
1 cuillère à café d'extrait de Vanille
50 g de protéines de lactosérum

2. Préparation:
Mélanger tous les ingrédients dans un mélangeur jusqu'à ce que la consistance soit homogène.

3. Valeurs Nutritives: (quantité par 100g / composition entière):
Contient de la vitamine A, C, du fer, du calcium.

Calories: 95
Calories provenant des matières grasses: 14
Lipides: 1,6 g
Lipides saturés : 0,7 g
Cholestérol: 16mg
Sodium: 34mg
Potassium: 81mg
Glucides: 14,1 g
Fibres alimentaires: 1,4 g
Sucre: 5,4 g
Protéines: 6,5 g
Calories: 760

Calories de graisse: 113
Lipides: 12,6 g
Lipides saturés: 5, 9 g
Cholestérol: 130mg
Sodium: 268mg
Potassium: 648mg
Glucides: 113g
Fibres alimentaires: 11,1 g
Sucre: 43.5g
Protéines: 52.4g

37. Shake Vanille et Avocat

Temps de préparation: 5 minutes
Portions: 8

1. Ingrédients:
3 avocats
20g de sucre vanillé
Lait 150ml
200 ml d'eau
1 cuillère à café d'extrait de vanille
40g de protéines de lactosérum (vanille)

2. Préparation:
Mélanger tous les ingrédients dans un mélangeur jusqu'à ce que la consistance soit homogène.

3. Valeurs Nutritives: (quantité par 100g / composition entière):
Contient de la vitamine A, C, du fer, du calcium.

Calories: 155
Calories de graisse: 111
Lipides: 12,3 g
Lipides saturés: 2,8 g
Cholestérol: 10mg
Sodium: 19mg
Potassium: 325 mg
Glucides: 8,5 g
Fibres alimentaires: 4g
Sucre: 3,2 g
Protéines: 4,5 g

Calories: 1549
Calories de graisse: 1108
Total Lipides: 123.1g
Lipides saturés: 27, 8 g
Cholestérol: 96mg
Sodium: 187 mg
Potassium: 3248mg
Glucides: 84.8g
Fibres alimentaires: 40.4g
Sucre: 31.7g
Protéines: 45.1g

38. Shake de Cerises et Amandes

Temps de préparation: 5 minutes
Portions: 8

1. Ingrédients:
300g de cerises
100g de lait d'amande
6 œufs
30g d'Amandes (hachées)
75g de crème sure
Lait 200g
1 cuillère à soupe d'extrait de vanille

2. Préparation:
Mélanger tous les ingrédients dans un mélangeur jusqu'à ce que la consistance soit homogène.

3. Valeurs Nutritives: (quantité par 100g / composition entière):
Contient de la vitamine A, C, du fer, du calcium.

Calories: 158
Calories provenant des matières grasses: 85
Lipides: 9,5 g
Lipides saturés : 4,8 g
Cholestérol: 115mg
Sodium: 64mg
Potassium: 155 mg
Glucides: 12,5 g
Fibres alimentaires: 0,9 g
Sucre: 1,9 g

Protéines: 5,8 g
Calories: 1424
Calories de graisse: 766
Total Lipides: 85.1g
Lipides saturés: 42.8g
Cholestérol: 1031mg
Sodium: 574mg
Potassium: 1394mg
Glucides: 113g
Fibres alimentaires: 7,8 g
Sucre: 17,4 g
Protéines: 51.9g

39. Shake aux Carottes

Temps de préparation: 5 minutes
Portions: 8

1. Ingrédients:
300g de carottes
200g de fraises
30g de persil
200ml de lait
50g de lait de coco
30g Avoine
5 œufs

2. Préparation:
Mélanger tous les ingrédients dans un mélangeur jusqu'à ce que la consistance soit homogène.

3. Valeurs Nutritives: (quantité par 100g / composition entière):
Contient de la vitamine A, C, du fer, du calcium.

Calories: 84
Calories provenant des matières grasses: 37
Lipides: 4,1 g
Lipides saturés : 2 g
Cholestérol: 84 mg
Sodium: 64mg
Potassium: 208 mg
Glucides: 8,2 g
Fibres alimentaires: 1,7 g
Sucre: 3,8 g

Protéines: 4,4 g
Calories: 844
Calories de graisse: 367
Lipides: 40,8 g
Lipides saturés: 20,3 g
Cholestérol: 835mg
Sodium: 640 mg
Potassium: 2085mg
Glucides: 81.7g
Fibres alimentaires: 16.5g
Sucre: 37.8g
Protéines: 44.2g

40. Shake de Raisins

Temps de préparation: 5 minutes
Portions: 8

1. Ingrédients:
400g de raisins
Bleuets 50g
200ml de lait
100g Yaourt grec
1 cuillère à soupe d'extrait de vanille
50 g de protéines de lactosérum

2. Préparation:
Mélanger tous les ingrédients dans un mélangeur jusqu'à ce que la consistance soit homogène.

3. Valeurs Nutritives: (quantité par 100g / composition entière):
Contient de la vitamine A, C, du fer, du calcium.

Calories: 88
Calories provenant des matières grasses: 12
Lipides: 1,4 g
Lipides saturés : 0,8 g
Cholestérol: 16mg
Sodium: 29 mg
Potassium: 171mg
Glucides: 12,2 g
Fibres alimentaires: 0,6 g
Sucre: 10,8 g
Protéines: 6,9 g

Calories: 706
Calories provenant des matières grasses: 97
Lipides: 10,8 g
Lipides saturés : 6g
Cholestérol: 126mg
Sodium: 229 mg
Potassium: 1364mg
Glucides: 97.6g
Fibres alimentaires: 4,8 g
Sucre: 86.4g
Protéines: 55.4g

41. Shake à la noix de cajou et au Cacao

Temps de préparation: 5 minutes
Portions: 4

1. Ingrédients:
50g de noix de cajou (hachée)
2 cuillères a soupe de cacao en poudre
100ml de Lait d'amandes
200 ml d'eau
50 g de protéines de lactosérum (chocolat)

2. Préparation:
Mélanger tous les ingrédients dans un mélangeur jusqu'à ce que la consistance soit homogène.

3. Valeurs Nutritives: (quantité par 100g / composition entière):
Contient de la vitamine C, du fer, du calcium.

Calories: 197
Calories de graisse: 127
Lipides: 14,1 g
Lipides saturés: 7,8 g
Cholestérol: 26 mg
Sodium: 30mg
Potassium: 209mg
Glucides: 10,7 g
Fibres alimentaires: 3,2 g
Sucre: 1,9 g
Protéines: 12,9 g
Calories: 789

Calories de graisse: 507
Total Lipides: 56.3g
Lipides saturés: 31, 3 g
Cholestérol: 104 mg
Sodium: 119 mg
Potassium: 834mg
Glucides: 42.9g
Fibres alimentaires: 12,7 g
Sucre: 7,4 g
Protéines: 51.7g

42. Shake de Chou frisé

Temps de préparation: 5 minutes
Portions: 6

1. Ingrédients:
300g chou frisé
50g de persil
1 lime (jus)
20g de gingembre
300 ml d'eau
50ml de Lait
50 g de protéines de lactosérum

2. Préparation:
Mélanger tous les ingrédients dans un mélangeur jusqu'à ce que la consistance soit homogène.

3. Valeurs Nutritives: (quantité par 100g / composition entière):
Contient de la vitamine A, C, du fer, du calcium.

Calories: 59
Calories provenant des matières grasses: 6
Lipides: 0,7 g
Lipides saturés : 0g
Cholestérol: 14mg
Sodium: 36mg
Potassium: 300 mg
Glucides: 8g
Fibres alimentaires: 1,3 g
Sucre: 0,8 g

Protéines: 6,3 g
Calories: 475
Calories provenant des matières grasses: 52
Lipides: 5,8 g
Lipides saturés : 2,6 g
Cholestérol: 108mg
Sodium: 288mg
Potassium: 2402mg
Glucides: 64.2g
Fibres alimentaires: 10,5 g
Sucre: 6g
Protéines: 50.1g

43. Shake de Laitue

Temps de préparation: 5 minutes
Portions: 8

1. Ingrédients:
300g Laitue
50g d'épinards
30g de persil
100 ml de Lait d'amandes
30g d'Avoine
5 œufs
300ml de Lait

2. Préparation:
Mélanger tous les ingrédients dans un mélangeur jusqu'à ce que la consistance soit homogène.

3. Valeurs Nutritives: (quantité par 100g / composition entière):
Contient de la vitamine A, C, du fer, du calcium.

Calories: 88
Calories provenant des matières grasses: 50
Lipides: 5,5 g
Lipides saturés : 3,2 g
Cholestérol: 84 mg
Sodium: 54mg
Potassium: 172 mg
Glucides: 5,6 g
Fibres alimentaires: 0,9 g
Sucre: 2,3 g

Protéines: 4,8 g
Calories: 880
Calories de graisse: 498
Total Lipides: 55.3g
Lipides saturés: 32, 5 g
Cholestérol: 844mg
Sodium: 544mg
Potassium: 1716mg
Glucides: 55.6g
Fibres alimentaires: 9,3 g
Sucre: 22,8 g
Protéines: 47.8g

44. Shake de Gingembre et de Chou Frisé

Temps de préparation: 5 minutes
Portions: 6

1. Ingrédients:
200g chou frisé
20g de gingembre
4 œufs
50g de lait de coco
100g de yaourt grec
200g de lait d'amande
1-2 cuillères à soupe de miel (15-30g)
20g de graines de chia

2. Préparation:
Mélanger tous les ingrédients dans un mélangeur jusqu'à ce que la consistance soit homogène.

3. Valeurs Nutritives: (quantité par 100g / composition entière):
Contient de la vitamine A, C, du fer, du calcium.

Calories: 146
Calories provenant des matières grasses: 93
Lipides: 10,3 g
Lipides saturés : 7,6 g
Cholestérol: 82 mg
Sodium: 51 mg
Potassium: 292mg
Glucides: 9,2 g
Fibres alimentaires: 1,6 g

Sucre: 4g
Protéines: 5,9 g
Calories: 1165
Calories de graisse: 740
Lipides: 82,2 g
Lipides saturés: 60.4g
Cholestérol: 660 mg
Sodium: 410mg
Potassium: 2338mg
Glucides: 73.7g
Fibres alimentaires: 13,1 g
Sucre: 31,6 g
Protéines: 47 g

45. Shake aux Concombres

Temps de préparation: 5 minutes
Portions: 6

1. Ingrédients:
300g de concombre
50g de persil
80g de fromage cottage
1 cuillère à café (5g) d'extrait de citron vert
300 ml d'eau
40 g de protéines de lactosérum

2. Préparation:
Mélanger tous les ingrédients dans un mélangeur jusqu'à ce que la consistance soit homogène.

3. Valeurs Nutritives: (quantité par 100g / composition entière):
Contient de la vitamine A, C, du fer, du calcium.

Calories: 39
Calories provenant des matières grasses: 5
Lipides: 0,6 g
Lipides saturés : 0g
Cholestérol: 11mg
Sodium: 55mg
Potassium: 137 mg
Glucides: 3,6 g
Fibres alimentaires: 0,6 g
Sucre: 1g
Protéines: 5,4 g

Calories: 310
Calories provenant des matières grasses: 43
Lipides: 4,8g
Lipides saturés : 2,4 g
Cholestérol: 90 mg
Sodium: 441mg
Potassium: 1092mg
Glucides: 28,8 g
Fibres alimentaires: 5g
Sucre: 8g
Protéines: 43.5g

46. Shake Matcha

Temps de préparation: 5 minutes
Portions: 6

1. Ingrédients:
20g matcha
1 citron vert (jus)
100g de yaourt grec
5 œufs
50g de persil
50ml de lait de coco
200ml de lait

2. Préparation:
Mélanger tous les ingrédients dans un mélangeur jusqu'à ce que la consistance soit homogène.

3. Valeurs Nutritives: (quantité par 100g / composition entière):
Contient de la vitamine A, C, du fer, du calcium.

 Calories: 94
Calories provenant des matières grasses: 52
Lipides: 5,8 g
Lipides saturés : 3,1 g
Cholestérol: 120mg
Sodium: 68mg
Potassium: 148 mg
Glucides: 4,6 g
Fibres alimentaires: 0,7 g
Sucre: 3g

Protéines: 6,8 g
Calories: 661
Calories de graisse: 367
Lipides: 40,8 g
Lipides saturés: 21,7 g
Cholestérol: 840 mg
Sodium: 477mg
Potassium: 1033mg
Glucides: 32.1g
Fibres alimentaires: 4,7 g
Sucre: 21,3 g
Protéines: 47.6g

47. Shake au Brocoli

Temps de préparation: 5 minutes
Portions: 6

1. Ingrédients:
200g de brocoli
50g de persil
30g d'épinards
30g de fromage blanc cottage
300ml de Lait
100 ml d'eau
4 œufs

2. Préparation:
Mélanger tous les ingrédients dans un mélangeur jusqu'à ce que la consistance soit homogène.

3. Valeurs Nutritives: (quantité par 100g / composition entière):
Contient de la vitamine A, C, du fer, du calcium.

Calories: 59
Calories provenant des matières grasses: 25
Lipides: 2,8 g
Lipides saturés : 1,1 g
Cholestérol: 76 mg
Sodium: 71 mg
Potassium: 169 mg
Glucides: 3,9 g
Fibres alimentaires: 0,8 g

Sucre: 2,1 g
Protéines: 4,9 g
Calories: 526
Calories de graisse: 230
Lipides: 25,6 g
Lipides saturés : 9,7 g
Cholestérol: 682mg
Sodium: 635mg
Potassium: 1521mg
Glucides: 35.2g
Fibres alimentaires: 7,5 g
Sucre: 19,4 g
Protéines: 44.4g

48. Shake de Chou Frisé et Bananes

Temps de préparation: 5 minutes
Portions: 6

1. Ingrédients:
Lait de coco 150ml
70g chou
30g d'épinards
1 banane
40 g de protéines de lactosérum
200 ml d'eau
Édulcorant selon le goût (miel / sucre brun)

2. Préparation:
Mélanger tous les ingrédients dans un mélangeur jusqu'à ce que la consistance soit homogène.

3. Valeurs Nutritives: (quantité par 100g / composition entière):
Contient de la vitamine A, C, du fer, du calcium.

Calories: 109
Calories provenant des matières grasses: 59
Lipides: 6,5 g
Lipides saturés : 5,6 g
Cholestérol: 14mg
Sodium: 26mg
Potassium: 260 mg
Glucides: 8,1 g
Fibres alimentaires: 1,4 g
Sucre: 3.5g

Protéines: 6g
Calories: 651
Calories de graisse: 352
Total Lipides: 39.2g
Lipides saturés: 33.5g
Cholestérol: 83 mg
Sodium: 155mg
Potassium: 1562mg
Glucides: 48.5g
Fibres alimentaires: 8,1 g
Sucre: 20,8 g
Protéines: 36.3g

49. Shake de Mangue et Pêches

Temps de préparation: 5 minutes
Portions: 8

1. Ingrédients:
2 mangues
4-6 pêches
300 ml de Lait
50g de yaourt grec
40 g de protéines de lactosérum

2. Préparation:
Mélanger tous les ingrédients dans un mélangeur jusqu'à ce que la consistance soit homogène.

3. Valeurs Nutritives: (quantité par 100g / composition entière):
Contient de la vitamine A, C, du fer, du calcium.

Calories: 64
Calories provenant des matières grasses: 10
Lipides: 1,1 g
Lipides saturés : 0,6 g
Cholestérol: 11mg
Sodium: 24mg
Potassium: 153 mg
Glucides: 9,3 g
Fibres alimentaires: 0,9 g
Sucre: 8g
Protéines: 4,8 g
Calories: 640

Calories de graisse: 101
Lipides: 11,2 g
Lipides saturés: 5,9 g
Cholestérol: 111mg
Sodium: 238mg
Potassium: 1531mg
Glucides: 93.4g
Fibres alimentaires: 9,5 g
Sucre: 80 g
Protéines: 48.3g

50. Shake Vert

Temps de préparation: 5 minutes
Portions: 6

1. Ingrédients:
100g de persil
200g chou
100g de framboises
Extrait de citron vert 1 cuillère à café (5g)
200 ml d'eau
lait 30ml
60 g de protéines de lactosérum

2. Préparation:
Mélanger tous les ingrédients dans un mélangeur jusqu'à ce que la consistance soit homogène.

3. Valeurs Nutritives: (quantité par 100g / composition entière):
Contient de la vitamine A, C, du fer, du calcium.

Calories: 62
Calories provenant des matières grasses: 7
Lipides: 0,8 g
Lipides saturés : 0g
Cholestérol: 18mg
Sodium: 39mg
Potassium: 292mg
Glucides: 6,8 g
Fibres alimentaires: 1,8 g
Sucre: 1,2 g

Protéines: 7,7 g
Calories: 435
Calories provenant des matières grasses: 51
Lipides: 5,6 g
Lipides saturés : 2,3 g
Cholestérol: 128 mg
Sodium: 271mg
Potassium: 2046mg
Glucides: 47.9g
Fibres alimentaires: 12,8 g
Sucre: 8,4 g
Protéines: 54g

51. Shake a la Goyave

Temps de préparation: 5 minutes
Portions: 6

1. Ingrédients:
2 Fruits de Goyave
6 œufs
200ml de lait
20 ml de lait de coco
20ml de lait d'amande
1 cuillère à café (5g) d'extrait de vanille
Édulcorant selon le goût (miel / sucre brun)

2. Préparation:
Mélanger tous les ingrédients dans un mélangeur jusqu'à ce que la consistance soit homogène.

3. Valeurs Nutritives: (quantité par 100g / composition entière):
Contient de la vitamine A, C, du fer, du calcium.

Calories: 101
Calories provenant des matières grasses: 54
Total Lipides: 6g
Lipides saturés: 2, 8 g
Cholestérol: 143 mg
Sodium: 68mg
Potassium: 191 mg
Glucides: 5,8 g
Fibres alimentaires: 1,5 g
Sucre: 4,2 g

Protéines: 6,5 g
Calories: 709
Calories de graisse: 377
Total Lipides: 41.9g
Lipides saturés: 19, 8 g
Cholestérol: 999mg
Sodium: 477mg
Potassium: 1336mg
Glucides: 40,7 g
Fibres alimentaires: 10,6 g
Sucre: 29.3g
Protéines: 45,5 g

52. Shake de Mûres

Temps de préparation: 5 minutes
Portions: 6

1. Ingrédients:
300g de mûres
200g d'épinards
50g de fromage cottage
300g de Lait
3 œufs
30g d'Avoine

2. Préparation:
Mélanger tous les ingrédients dans un mélangeur jusqu'à ce que la consistance soit homogène.

3. Valeurs Nutritives: (quantité par 100g / composition entière):
Contient de la vitamine A, C, du fer, du calcium .

Calories: 67
Calories provenant des matières grasses: 22
Lipides: 2,4g
Lipides saturés : 0,9 g
Cholestérol: 52mg
Sodium: 72mg
Potassium: 220 mg
Glucides: 7,5 g
Fibres alimentaires: 1,2 g
Sucre: 4g
Protéines: 4,7 g

Calories: 672
Calories de graisse: 217
Total Lipides: 24.1g
Lipides saturés: 8,9 g
Cholestérol: 520mg
Sodium: 719mg
Potassium: 2204mg
Glucides: 74.6g
Fibres alimentaires: 12.5g
Sucre: 40.1g
Protéines: 47.3g

53. Shake de Pamplemousse

Temps de préparation: 5 minutes
Portions: 6

1. Ingrédients:
2 pamplemousses
200g de yaourt grec
200 ml d'eau
30g édulcorant (miel / sucre brun)
50 g de protéines de lactosérum

2. Préparation:
Mélanger tous les ingrédients dans un mélangeur jusqu'à ce que la consistance soit homogène.

3. Valeurs Nutritives: (quantité par 100g / composition entière):
Contient de la vitamine A, C, du fer, du calcium.

Calories: 61
Calories provenant des matières grasses: 9
Total Lipides: 1g
Lipides saturés : 0,7 g
Cholestérol: 16mg
Sodium: 23 mg
Potassium: 132 mg
Glucides: 10g
Fibres alimentaires: 2,9 g
Sucre: 3,9 g
Protéines: 8,2 g
Calories: 425

Calories provenant des matières grasses: 65
Lipides: 7,2 g
Lipides saturés : 4,5 g
Cholestérol: 114 mg
Sodium: 160mg
Potassium: 923mg
Glucides: 69.9g
Fibres alimentaires: 20,5 g
Sucre: 27.4g
Protéines: 57.3g

54. Shake de Melon

Temps de préparation: 5 minutes
Portions: 6

1. Ingrédients:
300g de melon
200g Yaourt grec
100 ml d'eau
20g édulcorant (miel / sucre brun)
50 g de protéines de lactosérum

2. Préparation:
Mélanger tous les ingrédients dans un mélangeur jusqu'à ce que la consistance soit homogène.

3. Valeurs Nutritives: (quantité par 100g / composition entière):
Contient de la vitamine A, C, du fer, du calcium.

Calories: 64
Calories provenant des matières grasses: 10
Lipides: 1,1 g
Lipides saturés : 0,7 g
Cholestérol: 16mg
Sodium: 29 mg
Potassium: 195 mg
Glucides: 8,8 g
Fibres alimentaires: 2,1 g
Sucre: 4,7 g
Protéines: 8,3 g
Calories: 445

Calories provenant des matières grasses: 68
Lipides: 7,6 g
Lipides saturés : 4,6 g
Cholestérol: 114 mg
Sodium: 205 mg
Potassium: 1367mg
Glucides: 62g
Fibres alimentaires: 14,5 g
Sucre: 33.1g
Protéines: 58.2g

55. Shake de Grenades

Temps de préparation: 5 minutes
Portions: 6

1. Ingrédients:
4 grenades
60g lactosérum en poudre
200ml de lait
1 cuillère à café d'extrait de vanille
20g de crème sure

2. Préparation:
Mélanger tous les ingrédients dans un mélangeur jusqu'à ce que la consistance soit homogène.

3. Valeurs Nutritives: (quantité par 100g / composition entière):
Contient de la vitamine A, C, du fer, du calcium.

Calories: 88
Calories provenant des matières grasses: 12
Lipides: 1,3 g
Lipides saturés : 0,8 g
Cholestérol: 17 mg
Sodium: 24mg
Potassium: 233 mg
Glucides: 13,6 g
Fibres alimentaires: 0g
Sucre: 10,6 g
Protéines: 6g
Calories: 790

Calories de graisse: 108
Lipides: 12g
Lipides saturés: 6,9 g
Cholestérol: 151 mg
Sodium: 215 mg
Potassium: 2093mg
Glucides: 123g
Fibres alimentaires: 4g
Sucre: 95.7g
Protéines: 54.2g

56. Shake au Kiwi

Temps de préparation: 5 minutes
Portions: 6

1. Ingrédients:
100g kiwis
8 œufs
200ml de lait
20g édulcorant (miel / sucre brun)
100g de yaourt grec

2. Préparation:
Mélanger tous les ingrédients dans un mélangeur jusqu'à ce que la consistance soit homogène.

3. Valeurs Nutritives: (quantité par 100g / composition entière):
Contient de la vitamine A, C, du fer, du calcium.

Calories: 93
Calories provenant des matières grasses: 47
Lipides: 5,2 g
Lipides saturés : 1,9 g
Cholestérol: 166 mg
Sodium: 78 mg
Potassium: 130 mg
Glucides: 6,9 g
Fibres alimentaires: 1,9 g
Sucre: 3,1 g
Protéines: 7,8 g
Calories: 743

Calories de graisse: 376
Lipides: 41,7 g
Lipides saturés: 15g
Cholestérol: 1331mg
Sodium: 626mg
Potassium: 1043mg
Glucides: 55g
Fibres alimentaires: 14,8 g
Sucre: 25 g
Protéines: 62.2g

57. Shake de Kiwi et Fraises

Temps de préparation: 5 minutes
Portions: 6

1. Ingrédients:
200g kiwis
150g de fraises
50g de yaourt grec
200ml de lait
60g lactosérum en poudre

2. Préparation:
Mélanger tous les ingrédients dans un mélangeur jusqu'à ce que la consistance soit homogène.

3. Valeurs Nutritives: (quantité par 100g / composition entière):
Contient de la vitamine A, C, du fer, du calcium.

Calories: 78
Calories provenant des matières grasses: 13
Lipides: 1,5 g
Lipides saturés : 0,7 g
Cholestérol: 21 mg
Sodium: 33 mg
Potassium: 197 mg
Glucides: 8,6 g
Fibres alimentaires: 1,3 g
Sucre: 5.5g
Protéines: 8,3 g
Calories: 543

Calories provenant des matières grasses: 93
Lipides: 10,3 g
Lipides saturés : 5,1 g
Cholestérol: 144 mg
Sodium: 228 mg
Potassium: 1382mg
Glucides: 60.1g
Fibres alimentaires: 9g
Sucre: 38.4g
Protéines: 57.9g

58. Shake de Melon Cantaloupe

Temps de préparation: 5 minutes
Portions: 6

1. Ingrédients:
1 melon cantaloup (500g)
200g de yaourt grec
1 cuillère à café (5g) d'extrait de vanille
100ml Lait
40g d'Avoine
6 œufs

2. Préparation:
Mélanger tous les ingrédients dans un mélangeur jusqu'à ce que la consistance soit homogène.

3. Valeurs Nutritives: (quantité par 100g / composition entière):
Contient de la vitamine A, C, du fer, du calcium.

Calories: 111
Calories provenant des matières grasses: 45
Total Lipides: 5g
Lipides saturés: 1, 8 g
Cholestérol: 143 mg
Sodium: 72mg
Potassium: 121 mg
Glucides: 7,2 g
Fibres alimentaires: 0,7 g
Sucre: 3,2 g

Protéines: 9g
Calories: 775
Calories de graisse: 315
Lipides: 35g
Lipides saturés : 12,9 g
Cholestérol: 1001mg
Sodium: 502mg
Potassium: 846mg
Glucides: 50.7g
Fibres alimentaires: 5g
Sucre: 22,6 g
Protéines: 62.9g

59. Shake aux Fruits de la Passion

Temps de préparation: 5 minutes
Portions: 4

1. Ingrédients:
6 fruits de la passion (carillon)
50g de fraises
200ml de Lait d'amandes
50ml de Lait
1 cuillère à café (5g) d'extrait de vanille
60 g de protéines de lactosérum

2. Préparation:
Mélanger tous les ingrédients dans un mélangeur jusqu'à ce que la consistance soit homogène.

3. Valeurs Nutritives: (quantité par 100g / composition entière):
Contient de la vitamine A, C, du fer, du calcium.

Calories: 171
Calories provenant des matières grasses: 97
Lipides: 10,8 g
Lipides saturés : 9,1 g
Cholestérol: 26 mg
Sodium: 39mg
Potassium: 272mg
Glucides: 10,1 g
Fibres alimentaires: 3,3 g
Sucre: 5,2 g
Protéines: 10,4 g

Calories: 857
Calories de graisse: 485
Total Lipides: 53.9g
Lipides saturés: 45.4g
Cholestérol: 129 mg
Sodium: 193mg
Potassium: 1361mg
Glucides: 50.5g
Fibres alimentaires: 16,7 g
Sucre: 26g
Protéines: 51.9g

60. Shake de Groseilles

Temps de préparation: 5 minutes
Portions: 6

1. Ingrédients:
350g de cassis
200ml de lait
1 cuillère à café de beurre d'arachide (15g)
7 œufs
100g Yaourt grec

2. Préparation:
Mélanger tous les ingrédients dans un mélangeur jusqu'à ce que la composition soit homogène.

3. Valeurs Nutritives: (quantité par 100g / composition entière):
Contient de la vitamine A, C, du fer, du calcium.

Calories: 85
Calories provenant des matières grasses: 36
Total Lipides: 4g
Lipides saturés: 1, 4 g
Cholestérol: 117 mg
Sodium: 59 mg
Potassium: 167 mg
Glucides: 6,6 g
Fibres alimentaires: 1,5 g
Sucre: 4,2 g
Protéines: 6,2 g
Calories: 846

Calories de graisse: 326
Total Lipides: 40.2g
Lipides saturés: 14,2 g
Cholestérol: 1168mg
Sodium: 589mg
Potassium: 1669mg
Glucides: 65.9g
Fibres alimentaires: 15.4g
Sucre: 42g
Protéines: 61.7g

AUTRES GRANDS TITRES DE CET AUTEUR

Création de l'Haltérophile Ultime:
Apprenez les secrets et les astuces utilisées par les meilleurs haltérophiles et les entraîneurs professionnels pour améliorer votre condition, votre nutrition, et votre ténacité mentale
par
Joseph Correa
Athlète professionnel et entraîneur

Formation Avancée de Ténacité Mentale pour les Bodybuilders
Utilisez la visualisation pour vous pousser à la limite
par
Joseph Correa
Instructeur certifié de méditation

Devenir Mentalement Plus Tenace Durant la Musculation Grâce à la Méditation
Atteindre votre plein potentiel en contrôlant vos pensées intérieures
par
Joseph Correa
Instructeur certifié de méditation